JEONKWANGSOO COFFEE

커피 입문자들이
자주 묻는 100가지

전광수커피 아카데미 지음

머리말

전광수커피라는 이름으로 커피를 시작한 지도 20년이 가까워집니다. 커피 공장부터 시작해 커피 아카데미와 커피전문점을 열기까지 긴 시간 동안 커피 하나만으로 여러 사람들과 인연을 맺어왔습니다.

특히 그동안 전광수커피 아카데미에서는 다양한 연령대와 다양한 분야의 사람들을 만났습니다. 그들의 생각과 목적은 각자 달랐지만 커피에 대한 애정과 호기심은 상당했고 그래서인지 교육 기간 동안 수많은 질문을 던지면서 이에 대한 깊은 토론을 해왔습니다. 수업을 진행하다보면 공통적으로 나오는 질문들이 꽤 있었습니다. 또한 그 질문들은 가장 기초적인 것에서 시작해 점차 수준 높은 단계로 발전해나갔습니다. 그런 모습을 보면서 저는 나름대로 보람을 느끼면서도 한편으로는 그만큼의 책임감 또한 느꼈습니다.

이 책은 전광수커피 아카데미에서 나온 여러 질문과 답변들을 수집하여 비교적 난이도가 높지 않은 질문 100개를 선별한 것입니다. 따라서 커피에 처음 입문하는 사람도 쉽게 이해할 수 있도록 커피의 기초부터 로스팅까지 차근차근 순서대로 정리했습니다. 좀더 심화된 과정은 차후에 다루기로 하겠습니다.

끝으로 기존의 커피 관련 전문 서적에 비해 다소 생소한 형태로 꾸려지다보니 아카데미 자체적으로도 질문을 선별하고 전체적인 순서, 맥락과 형태를 잡는 데 꽤나 오랜 시간이 걸렸습니다. 고생한 전광수커피 아카데미 강사님들에게 뜨거운 동료애를 전하며, 이 책의 주인공이라고 할 수 있는 수많은 아카데미 수료생과 수강생들께도 진심 어린 감사의 인사를 남깁니다.

전광수

차 례

:: 머리말 004

Q 001 :: 우리가 커피하우스에서 마시는 커피는 어떻게 만들어지나요? 012
Q 002 :: 우리나라에서도 커피나무 재배가 가능한가요? 015
Q 003 :: 커피나무의 열매는 수확할 때까지 얼마나 걸리나요? 그리고 커피나무의 수명은 몇 년 정도인가요? 018
Q 004 :: 원두의 이름에 원산지명말고도 내추럴, 허니 내추럴, 워시드 등의 표시가 있는 경우가 있습니다. 이것들은 무엇이며 어떤 차이가 있나요? 020
Q 005 :: 농작물로써의 생두는 재배시 병충해로 피해를 입거나 유통과 보관에 따라 변질되는 경우는 없나요? 예를 들어, 과일을 사더라도 썩거나 벌레 먹은 것들이 섞여 있기도 합니다. 생두를 재배할 때는 그런 경우가 없나요? 024
Q 006 :: 생두에도 등급이 있나요? 있다면 무엇을 기준으로 분류하나요? 026
Q 007 :: 생두에도 유통기한이 있나요? 029
Q 008 :: 시중에서 판매되고 있는 '아라비카 100'에서 '아라비카'는 무엇을 뜻하나요? 031
Q 009 :: 일명 다방커피라 불리는 믹스커피와 커피전문점에서 판매하는 커피는 어떤 차이가 있나요? 034
Q 010 :: 구매처나 원산지에 따라서 원두의 색과 맛이 달라지는데 왜 그런가요? 037
Q 011 :: 커피맛은 어떻게 표현하나요? 040
Q 012 :: 커피에 관련된 정보를 얻다보면 어디에서는 '갓 볶은 신선한 원두를 사용한 커피가 맛있다'고 하고 또 한편에서는 '숙성시킨 원두를 사용한 커피가 맛있다'고 합니다. 어떤 게 맞는 건가요? 또 원두의 유통기한은 어떻게 되나요? 042
★ 원두에서 이산화탄소가 담당하는 역할 045
Q 013 :: 원두 분쇄 직후 정전기가 무척 많이 발생하는 경우가 있는데 무엇 때문인가요? 046
Q 014 :: 커피를 처음 배울 때 로스팅, 에스프레소, 핸드드립을 배우는 순서가 따로 있나요? 047
Q 015 :: 카페인이 없는 커피는 어떤 것들이 있나요? 048
★ 카페인 제거 050
Q 016 :: 하우스 커피와 싱글 오리진 커피는 무엇이 어떻게 다른가요? 051

Q 017 :: 가정에서 로스팅을 할 수는 없나요? **053**
Q 018 :: 커피를 내리는 방법에는 어떤 것들이 있나요? **060**
Q 019 :: 드리퍼의 종류가 다양한 이유는 무엇인가요? **062**
Q 020 :: 고노와 하리오는 어떤 점이 다른가요? **064**
Q 021 :: 드리퍼의 재질에 따라서 추출되는 상태가 달라지나요? **065**
Q 022 :: 드리퍼에서 리브의 역할은 무엇인가요? **066**
Q 023 :: 어떤 여과지를 사용해야 하나요? **068**
Q 024 :: 집에서 쉽게 커피를 내려 마시고 싶을 땐 어떤 드리퍼를 선택해야 하죠? **072**
Q 025 :: 원두를 분쇄하는 그라인더는 어떤 게 좋은 건가요? **074**
Q 026 :: 커피메이커를 이용할 때는 어떻게 분쇄해야 하죠? **076**
Q 027 :: 물에 따라서 커피 향미가 많이 달라지나요? **077**
Q 028 :: 드립포트를 어떤 걸로 골라야 할지 모르겠어요. **078**
Q 029 :: 각각의 핸드드립 방법에는 어떤 차이가 있나요? **080**
Q 030 :: 핸드드립을 할 때 물 주입은 어떻게 해야 하나요? **082**
Q 031 :: 물 주입은 동일한 방향으로 해야 하나요? **083**
Q 032 :: 드립을 할 때 어떤 물줄기가 좋은 건가요? **084**
Q 033 :: 추출시 커피 표면에 하얀 거품이 생기는 이유는 무엇인가요? **086**
Q 034 :: 물 온도가 몇 도일 때 커피를 내리는 게 좋을까요? **088**
Q 035 :: 원두 상태에 따라 뜸 시간을 조절하는 이유는 무엇인가요? 어떤 상태를 보고 결정하나요? **090**
Q 036 :: 뜸을 들일 때 팽창 정도가 다른 이유는 무엇인가요? **091**
Q 037 :: 드립으로 추출할 때 뜸을 들이기 위해 물 주입을 할 경우 가는 물줄기로 많은 회전을 하는 것과 굵은 물줄기로 적은 회전을 하는 것, 어떤 방법의 결과물이 향미가 더 좋을까요? **092**
Q 038 :: 약볶음의 원두를 진하게 추출하려면 어떻게 해야 하나요? **093**
Q 039 :: 고노로 추출하는데 계속 물이 차올라요. **094**
Q 040 :: 약볶음의 원두를 추출하는데 왜 물이 차오르죠? **096**
Q 041 :: 커피를 내릴 때 융을 사용하는 이유는 무엇인가요? **098**
Q 042 :: 더치커피를 내릴 때 얼음물을 사용하면 안 되나요? **100**

Q 043 :: 에스프레소 머신을 사용하지 않고도 카페라테나 카푸치노, 캐러멜마키아토 등을 만들 수 있을까요? 102
Q 044 :: 집에서 우유 거품을 만들려면 어떻게 해야 하나요? 104
Q 045 :: 드립으로도 아이스 메뉴를 만들 수 있나요? 106
Q 046 :: 에스프레소는 무엇인가요? 107
Q 047 :: 에스프레소 추출 과정을 자세히 알려주세요. 108
Q 048 :: 에스프레소는 왜 진한가요? 110
Q 049 :: 왜 에스프레소를 샷이라고 부르나요? 111
Q 050 :: 에스프레소는 반드시 20~30초 사이에 빠르게 추출해야 하나요? 112
Q 051 :: 에스프레소 잔이 작은 이유는 무엇인가요? 113
Q 052 :: 에스프레소에 거품은 왜 생기는 건가요? 114
Q 053 :: 에스프레소를 추출할 때 왜 두 갈래로 나오나요? 하나로 나오는 건 없나요? 116
Q 054 :: 탬핑은 왜 하나요? 118
Q 055 :: 탬퍼의 종류에 따라서 맛이 많이 달라지나요? 120
Q 056 :: 에스프레소 샷을 한꺼번에 뽑아놓았다가 조금씩 먹으면 안 되나요? 122
Q 057 :: 추출할 때 표면이 왜 꿀렁거리나요? 123
Q 058 :: 에스프레소 맛에 영향을 미치는 요인에는 무엇이 있나요? 124
Q 059 :: 아메리카노에 기름이 뜨는 이유는 무엇일까요? 127
Q 060 :: 에스프레소를 얼음으로 얼려서 장시간 보관해도 괜찮은가요? 128
Q 061 :: 마트에서 포장 판매하는 수입 원두는 유통기한이 대체로 긴 편인데 맛에는 영향이 없나요? 130
Q 062 :: 에스프레소를 추출하기 전에 왜 원두를 미리 분쇄해놓지 않나요? 132
Q 063 :: 웨트 카푸치노와 드라이 카푸치노의 차이점은 뭔가요? 133
Q 064 :: 카페라테와 카푸치노의 차이점은 뭔가요? 134
Q 065 :: 카페오레와 카페라테의 차이는 무엇인가요? 135
Q 066 :: 일반 우유와 저지방 우유의 차이는 무엇인가요? 라테나 카푸치노로 제조할 때 우유에 따라 맛에도 차이가 있나요? 136
Q 067 :: 에스프레소 머신으로 스팀을 치지 않고 집에서 우유를 끓이면 안 되나요? 137
Q 068 :: 커피 크림과 프림은 어떤 차이가 있나요? 138

Q 069	::	추출에서 싱글 오리진 방식은 무엇인가요? **139**
Q 070	::	버튼만 누르면 원두를 갈아서 추출까지 해주는 머신은 없나요? **140**
Q 071	::	가정에서 쓰는 에스프레소 머신은 가격이 저렴한 편인데 업소용 머신과 많이 다른가요? **142**
Q 072	::	캡슐커피도 에스프레소인가요? 유통기한은 얼마나 되나요? **143**
Q 073	::	생두를 구매할 때는 무엇을 체크해야 하나요? **144**
Q 074	::	내추럴 생두와 워시드 생두는 어떻게 구분할 수 있나요? **146**
Q 075	::	로스팅 머신은 얼마나 자주 청소해야 하나요? **147**
Q 076	::	로스팅 머신 구입시 중요하게 생각해야 할 것은 무엇인가요? **148**
Q 077	::	로스팅을 하던 중 평상시와는 다르게 은피의 배출이 안 되며 연기가 심하게 나는 경우는 어떤 이유 때문인가요? **150**
Q 078	::	로스팅할 때 댐퍼를 꼭 사용해야 하나요? **152**
Q 079	::	로스팅시 1차 크랙의 파열음이 잘 들리지 않는 이유는 무엇일까요? **154**
Q 080	::	로스팅 후 원두를 보고 결과물을 판단할 수 있는 기준은 무엇인가요? **157**
Q 081	::	강제배기와 자연배기의 차이점은 무엇인가요? **160**
Q 082	::	반열풍식 로스팅 머신과 직화식 로스팅 머신을 모두 사용하고 있는데, 머신마다 생두의 변화가 일어나는 온도가 다릅니다. 그 이유는 무엇일까요? **162**
Q 083	::	생두 투입량에 따라서 어떤 조건들을 변화시켜야 하나요? **166**
Q 084	::	내추럴, 워시드 등 가공법에 따라 생두의 수분 함량이 차이가 난다면 로스팅시 변화되는 조건들은 무엇일까요? **168**
★		수분 함량에 따른 열에너지 변수 **171**
Q 085	::	드럼의 확인창이나 확인봉을 통해 로스팅 과정을 체크하다보면, 어떤 경우에는 은피의 분리 시점이 빨리 나타나면서도 양이 많고 또 어떤 경우에는 로스팅 내내 은피의 분리가 드문드문 이뤄지면서 양도 적습니다. 은피의 분리는 왜 일어나며, 은피의 분리 정도에 따라 커피의 향미가 달라질 수 있나요? **172**
Q 086	::	로스팅 후 원두를 체크해보면 어떤 경우에 은피가 유달리 많이 붙어 있는 원두 결과물을 보게 되는데 무엇 때문인가요? **175**
Q 087	::	생두의 스크린사이즈가 다른 경우 로스팅할 때 주의할 점은? **176**
Q 088	::	산지에서 수확한 지 얼마 지나지 않은 생두를 로스팅할 때 유독 컬러가 브라운 계

열이 아니라 주홍색 계열인 것은 무엇 때문일까요? 생두의 수분 함량과 수분의 증
발 정도에 따라서 원두의 색상이 달라지기도 하나요? **178**

Q 089 :: 추출시 유달리 거품이 많이 생기는 원두가 있습니다. 뜸 물을 주입하면 잘 부풀지
가 않으며 빨려들어가는 듯하며 바로 빠져버리고요. 무엇이 잘못된 것일까요? **180**

Q 090 :: 더블 로스팅이란 무엇입니까? **184**

Q 091 :: 로스팅을 마친 원두의 색상이 얼룩덜룩합니다. 이유가 뭘까요? **186**

Q 092 :: 예열된 로스팅 머신에 생두를 투입하면 드럼의 온도가 어느 정도 떨어지다가 멈춥
니다. 그 온도가 일정하지 않을 때 로스팅을 진행해도 되나요? 아니면 생두 투입 후
떨어지다가 멈춘 드럼의 온도를 일정하게 맞춰놓고 로스팅을 진행해야 되나요? **188**

Q 093 :: 로스팅시 생두 투입 후 생두의 색상이 그린에서 옐로우로 변하면서 단 향이 나기 시
작합니다. 사용하는 생두가 바뀌면 단 향이 나는 시간이나 드럼의 온도가 달라지기
도 하는데, 구분하는 방법이 있나요? **191**

Q 094 :: 로스팅한 원두를 막상 추출해서 마셔보면 예상과 다르게 탄맛과 탄 향이 나는 경우
가 있습니다. 특히 더운 여름, 실내 온도가 높을 경우 배출된 원두를 냉각시킬 때
시간도 오래 걸리고 유독 더 탄맛과 탄 향이 심합니다. 로스팅 후 원두를 냉각시키
는 시간이 원두의 향미에 영향을 주나요? **194**

Q 095 :: 기존에 사용하던 로스팅 머신으로 평소 로스팅시 1차 발열을 8~9분 정도로 이끌
어내는데, 로스팅 머신을 다른 제품으로 교체한 뒤 로스팅 시간이 6여 분 정도로
평소보다 너무 짧았습니다. 무엇이 잘못된 걸까요? **196**

Q 096 :: 원두 표면에 블리스터가 생기는 이유는 무엇인가요? **197**

Q 097 :: 향을 살리는 포인트에서 원두를 배출하자니 항상 맛의 여운이 부족한 듯한데, 이를
보완할 방법은 없나요? **200**

Q 098 :: 디카페인 커피는 어떻게 로스팅하나요? **204**

Q 099 :: 새로운 로스팅 머신을 사용할 때 중점 체크는 어떻게 하는 것이 좋을까요? **206**

Q 100 :: 로스팅을 하는 사람들이 놓치지 말아야 할 것은 무엇일까요? **208**

Questions

001

::

우리가 커피하우스에서 마시는 커피는 어떻게 만들어지나요?

커피를 만드는 과정은 크게 세 가지로 구분할 수 있습니다.

| 커피의 가장 기본이 되는 생두가 생산되기까지의 과정

생두

커피의 기본 원재료인 생두(Green Bean)는, 커피나무에 열리는 열매 안에 들어 있는 씨앗입니다. 커피나무는 기온, 강수량, 고도, 토양 등 까다로운 여러 재배 조건을 충족시킬 수 있는 지역, 즉 적도를 중심으로 한 북회귀선과 남회귀선 사이의 여러 나라에서 재배되고 있습니다.

원두

커피나무에 열매가 맺히면 완전히 익은 열매를 수확하고, 수확한 열매는 내추럴(Natural)이나 워시드(Washed) 등 여러 가공 과정을 거쳐 생두를 얻게 됩니다. 그렇게 가공 과정을 거친 생두는 또 여러 선별 과정을 거쳐 등급이 분류된 후 커피 소비국으로 수출됩니다.

| 생두를 이용해 원두를 만들어내는 로스팅 과정

커피 소비국에 도착한 생두는 그대로 먹을 수 있지 않기 때문에, 또 한번의 가공 과정을 거치게 됩니다. 우리는 그 작업을 '로스팅'이라고 표현합니다. 풋 향과 비린맛을 지닌 생두는 로스팅 과정을 거치면서 비로소 다양한 맛과 향을 지닌 원두(Roasted Bean)로 탄생됩니다. 이 로스팅 과정 또한 예전에는 쉽게 찾아볼 수 없었으나, 현재는 많은 스몰 로스터리 카페가 생겨나면서 생두를 로스팅하는 장면을 종종 마주하게 됩니다.

| 원두를 이용해 맛있는 커피를 만들어내는 추출의 과정

원두를 커피로 만들기 위해서는 원두를 분쇄해서 물을 이용해 원두의 성분을 녹여내는 추출(브루잉)이라는 과정을 또 한번 거쳐야 합니다.

이 과정을 하는 곳이 바로 '카페'입니다. 카페 혹은 커피하우스, 커피전문점에서는 저가의 추출 도구부터 고가의 추출 장비까지 갖추어놓고, 각 매장마다 최고의 향미를 자랑하는 커피를 만들어내기 위해 숙련된 바리스타들이 끊임없이 노력하고 있습니다.

이렇듯 맛있는 한 잔의 커피가 만들어지기까지는,
좋은 생두를 만들어내기 위한 산지에서의 재배와 가공에 관련된 노하우가,
좋은 원두를 만들어내기 위한 로스터들의 완벽한 로스팅 프로파일이,
좋은 커피를 만들어내기 위한 바리스타들의 조화로운 추출 레시피가 필요하며,
마지막으로 더할 나위 없는 서비스로 손님들을 찾아가게 됩니다.

Questions

002

::

우리나라에서도 커피나무 재배가 가능한가요?

우리나라의 자연환경은 아직 커피나무의 생육에 필요한 여러 가지 자연 재배 조건에 적합하지 않지만 몇몇 곳에서는 비닐하우스를 이용한 소량 재배를 하기도 합니다. 예를 들어 제주도나 강원도, 전라도 등에서 비닐하우스 재배를 하고 있습니다.
커피나무의 재배 조건을 살펴봅시다.

| 기온

평균 기온 22도 정도인 고지대가 좋습니다. 기온이 높으면 열매가 빨리 맺히고 과다 재배로 인해 나무가 쉽게 상하며, 녹병 발생율도 높습니다. 반대로 기온이 너무 낮으면 나무의 생육이 늦어져서 수확량이 저하됩니다.

| 일조량

녹색식물은 일조량에 따라 광합성을 합니다. 아라비카 종의 광합성 최적 온도는 25도 정도이며, 이 이상의 고온에서는 광합성이 원활하지 않아 그늘에서 재배되는 경우도 있습니다.

| 강우량

연간 1,200~1,600mm의 강우량이 필요합니다. 건기와 우기가 명확한 산지에서는 대부분 한꺼번에 개화하지만, 기온의 변화가 적고 건기가 없는 곳에서는 꽃이 피는 시기가 각기 달라서 꽃이 진 후 장기간에 걸쳐 수확이 이루어집니다.

커피나무는 기온, 일조량, 강우량, 고도, 토양 등 기본적인 재배 조건이 갖춰져야 자연 재배가 가능합니다. 아무래도 자연 재배가 아닌 비닐하우스를 이용한 인공 재배로 품질 좋은 생두를 대량 수확하기는 어려울 것입니다.

| 고도

과일에 가까운 신맛과 풍부하고 깊은 향을 가진 생두가 재배되기 위한 가장 이상적인 고도는 해발 1,500~2,000m입니다. 이 높이에서는 낮과 밤의 일교차로 인해 체리의 수축과 이완작용이 활발히 이루어지기 때문입니다.

| 토양

인, 질산, 칼륨 등의 미네랄 성분이 풍부한 화산 토양과 배수가 원활한 토양에서 잘 자랍니다.

Questions

003

::

커피나무의 열매는 수확할 때까지 얼마나 걸리나요?
그리고 커피나무의 수명은 몇 년 정도인가요?

커피나무는 종자를 선별해 파종한 뒤 30~60일이 지나면 발아합니다. 발아 후 10주 정도 지나면 쌍떡잎이 나오고, 그후 6~18개월 정도 그늘 재배를 통한 보관 생육을 하다가 건강한 묘목을 가려 재배지에 이식시킵니다.

재배지에 심어진 묘목은 2~3년 후 첫 개화를 하고, 3~4일간 피었던 꽃이 지고 나면 그 자리에 열매가 맺힙니다. 6~9개월 동안 체리가 성장하고 열매가 완전히 익으면 수확할 수 있습니다.

가장 건실한 열매를 수확할 수 있는 시기는 평균 5~15년 된 나무에서이고, 커피나무의 수명은 보통 40년 정도입니다.

다른 목적으로 연구되는 나무를 제외하곤 모두 베어버리고 새로운 나무를 심는 경우도 있으며, 하와이의 경우 대부분 농장에서 커피나무의 지속적인 접붙이기를 통해 100년 이상 재배하기도 합니다.

커피나무 아라비카

하와이의 100년 된 커피나무

Questions

004

∷

원두의 이름에 원산지명말고도 내추럴, 허니 내추럴, 워시드 등의 표시가 있는 경우가 있습니다. 이것들은 무엇이며 어떤 차이가 있나요?

내추럴, 워시드 등의 표시는 생두의 가공 방법을 뜻합니다.

로스팅을 하기 위해 사용하는 재료를 흔히 생두라고 하는데, 생두란 커피나무에 열리는 열매 안에 들어 있는 씨앗입니다. 우리는 열매를 먹을 때 주로 과육을 섭취하고 씨앗은 버리지만, 특이하게도 커피 열매는 과육 대신 생두를 섭취합니다. 그 이유는 커피 열매는 다른 열매와는 달리 과육 부분이 점액질의 끈적끈적한 상태로 생두를 둘러싸고 있기 때문입니다. 그래서 예로부터 사람들은 점액질의 과육보다는 그 안에 들어 있는 생두를 먹을 수 있는 방법을 생각했고, 그 결과 날것의 생두를 구워먹게 된 것입니다.

생두를 굽기 위해서는 생두를 열매 안에서 꺼내야 합니다. 가공 과정을 살펴보겠습니다.

| 가공 과정

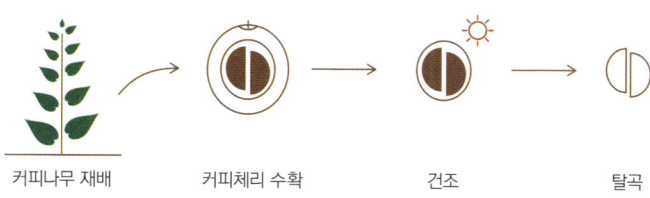

커피나무 재배   커피체리 수확   건조   탈곡

| 커피체리 단면

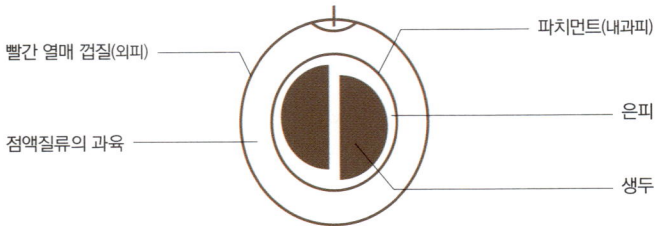

커피체리에서 로스팅할 때 필요한 것은 은피가 붙어 있는 생두입니다. 생두를 무른 커피 열매에서 빼내려면, 일단 열매 껍질을 벗겨야 합니다. 열매의 탈피 방법은 크게 세 가지로 구분할 수 있습니다.

| 내추럴 가공건조 방식

Natural Process

수확된 열매를 그대로 햇빛에 약 2주 정도 말려서, 껍질이 어느 정도 건조해지면 탈곡합니다.
과육에 들어 있는 성분이 생두에 어느 정도 흡착되므로 볶은 원두에서 과일의 향미나 단맛의 향미를 더 많이 느낄 수 있으며 바디감이 좋습니다.

| 펄프드 내추럴 가공건조 방식

Pulped Natural Process

또는 허니 프로세스 방식이라고도 합니다. 열매 껍질을 벗겨내는 기계인 펄퍼를 이용하면 끈적한 점액질의 과육이 붙은 파치먼트 상태가 되는데, 그 상태 그대로 햇빛에 약 7~12일 정도 건조시킨 후 탈곡을 합니다. 내추럴 가공건조 방식과 같이 과육에 들어 있는 성분이 생두에 어느 정도 흡착되어 과일의 향미나 단맛의 향미를 많이 느낄 수 있으며 내추럴 가공건조 방식보다 건조 시간이 조금 짧기 때문에 간혹 내추럴 가공시 발생하는 과발효 결점두 발생률이 낮아져 좀더 깨끗한 향미를 느낄 수 있습니다.

| **워시드 가공건조 방식**

Washed Process

탈피 후 점액질 상태의 파치먼트를 물통에 담가서 당도가 있는 점액질의 과육 부분을 발효시킵니다. 12~72시간 정도 지나 과육이 웬만큼 다 발효 분해되면 다시 깨끗한 물에 세척한 후 매끈해진 파치먼트를 약 4~10일 정도 건조시켜 탈곡합니다. 워시드 가공 방식의 포인트는 점액질을 분해하여 제거하기 위해 발효시킨 후 다시 한번 깨끗한 물로 세척한다는 점입니다. 그로 인해 과육이 대부분 제거된 상태에서 건조되고, 발효 과정에서 산도가 높아지다보니, 내추럴 가공에 비해 산미가 더 강하고 아주 깨끗한 향미를 느낄 수 있는 원두가 됩니다.

이렇듯 가공법이 여러 가지로 세분화되는 이유는 가공 방식에 따라 생두가 지닌 특성들이 달라지기 때문입니다.
또한 커피의 향미를 다양하게 하는 요소들 가운데 품종, 재배 조건, 가공 방법, 로스팅 단계, 추출 조건이라는 아주 복잡하고 다양한 변수들이 있기 때문에 각자의 기호에 따라 커피의 표현을 다양하게 하여 자기만의 기준을 마련해야 합니다.

Questions

005

::

농작물로써의 생두는 재배시 병충해로 피해를 입거나 유통과 보관에 따라 변질되는 경우는 없나요? 예를 들어, 과일을 사더라도 썩거나 벌레 먹은 것들이 섞여 있기도 합니다. 생두를 재배할 때는 그런 경우가 없나요?

생두도 물론 농작물이기 때문에 매년 작황 상태가 똑같을 수는 없습니다. 특히 재배시 그해의 기후 조건에 많은 영향을 받습니다.

최근에는 세계적으로 극심한 가뭄과 대규모 홍수가 발생하고, 이런 기후의 이변 때문에 산지에서는 없었던 병충해의 피해가 생겼습니다. 이런 모든 것이 맞물려 수확기 생산량에 많은 영향을 미치다보니, 최근 생두 시장의 화두는 지속적인 생산 가능성이며 그에 대한 연구가 여러 분야에서 이루어지고 있습니다.

생두는 보관시 변질의 요소를 최소한으로 줄이기 위해 가공할 때 수분 함량이 12~13%가 될 때까지 건조시킵니다. 하지만 역시 수분이 있는 상태이므로 보관, 유통시에 변질이 일어나기 마련입니다. 그렇기 때문에 최근에는 생두 포장에도 변화를 보입니다. 예전에는 통풍이 잘되는 황마나 사이잘삼으로 만든 자루에 넣어 보관하였으나, 통기성이 너무 좋다보니 수분 감소가 많이 일어나는 단점이 발생했습니다. 이를 보완하여 그레인프로라는 특수재질의 비닐백에 담은 후 다시 한번 자루에 담는 이중포장을 하거나 또는 진공 포장을 이용하여 수분의 감소를 최소화시키고 있습니다.

Questions

006

::

생두에도 등급이 있나요? 있다면 무엇을 기준으로 분류하나요?

산지에서는 생두의 포장 전 가공건조라는 공정을 마치면 수분을 안정시키기 위해 파치먼트 상태로 대략 2개월 정도의 휴지기를 거친 후 탈곡합니다.

그후 탈곡을 통하여 파치먼트까지 벗겨내야 비로소 우리가 알고 있는 녹색의 생두가 모습을 드러내고, 생두의 등급 분류를 위한 공정을 또다시 거치게 됩니다. 생산된 생두가 모두 다 동일한 상품가치를 부여받는 것이 아니기 때문에 일련의 작업을 통하여 생두의 좋고 나쁨을 선별합니다.

생두의 등급을 분류하는 기준으로는 크게 세 가지 정도입니다.

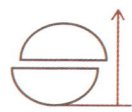

| 생두의 크기를 이용한 등급 분류

생두의 크기를 재는 단위를 스크린사이즈(Screen Size)라 하고 그 스크린사이즈를 재는 도구를 스크리너(Screener)라 합니다.

1 스크린사이즈는 64분의1인치로 0.4mm입니다. 스크린사이즈는 번호로 매겨지는데 대략 숫자 10~20까지로 분류하고 있습니다. 생두의 크기는 볶았을 때 커피의 향미에 크게 영향을 미치는 등급 분류 기준은 아닙니다.

| 재배 고도에 따른 등급 분류

주로 중미의 원산지에서 많이 활용하는 등급 분류 기준입니다. 재배 고도가 1,200m 이상 되는 산지에서 재배된 생두에 SHB, SHG 등으로 표시합니다. 재배 고도는 볶은 원두의 향미에 크게 영향을 미치는 등급 분류 기준입니다. 고도가 높은 산지일수록 일교차에 의해 원두의 향미가 더 풍부하게 표현되는 경향이 있습니다.

재배 고도	등급
1,400m 이상	SHB(Strictly Hard Bean), SHG(Strictly High Grown)
1,200~1,400m	HB(Hard Bean), HG(High Grown)
600~900m	PW(Prime Washed)
600m 이하	GW(Good Washed)

| 결점두에 따른 등급 분류

재배시, 또는 가공건조시 생두라 일컬을 수 없는 이물질이 섞이거나 생두에 여러 가지 결함이 생겨날 수 있는데, 이런 결점두를 함께 볶을 경우 향미에 좋지 않은 영향을 미칩니다.

결점두라 불릴 만한 것들은 돌멩이나 나뭇가지가 있는 이물질류, 탈곡이 안 된 건체리나 파치먼트류, 썩은 생두인 블랙빈이나 과발효 빈, 벌레 먹은 빈이나 곰팡이 빈, 미성숙 빈, 조개껍데기 모양의 조개 빈, 깨진 빈, 생두 표면이 건포도처럼 주름진 주름 빈, 수분이 많이 빠져 물에 뜨는 빈, 체리 껍질과 파치먼트 부스러기 등이 있습니다.

돌, 나무

건체리

블랙빈

과발효 빈

Questions

007

::

생두에도 유통기한이 있나요?

딱히 법적으로 규제하고 있는 유통기한은 없습니다.
그러나 생두 또한 농작물이기 때문에 첫 수확시의 수분 함량을 얼마큼 잘 유지하고 있느냐에 따라 재료로써의 가치를 평가받게 됩니다.

생두는 탈곡 후 보관에 따라 수분의 상태가 달라집니다.

먼저 생두를 보관하는 창고는 통풍, 습도, 온도 조절에 주의해야 합니다. 보관이 제대로 이루어지지 않으면 고품질의 생두라 하더라도 쉽게 변질되기 때문입니다. 너무 습하거나 높은 온도의 창고에서 보관한다면 생두의 수분 함량이 높아지게 되고, 썩거나 부패하는 경우가 생기게 되겠죠. 또한 너무 건조한데다 온도가 낮은 창고라면 수분 함량이 빠르게 감소하게 되어 로스팅시 향미가 많이 약해집니다.

한편 우리나라처럼 계절의 변화가 뚜렷한 곳에서는 겨울에 보관을 잘못하게 되면 생두가 꽁꽁 얼었다가, 따뜻한 봄이 되면 녹으면서 급작스러운 수분의 감소가 일어나는 백화 현상이 나타나게 되고, 그런 생두를 로스팅하면 균일하지 못한 수분 함량 때문에 얼룩덜룩한 결과물이 나오게 될 것입니다. 때문에 온도는 20도 정도로 서늘하게, 습도는 50% 정도로, 빛이 안 들고 통풍이 잘되는 곳에서, 벽에서는 20cm 정도 띄워놓고 바닥에 나무 등을 깔아 자루가 직접 닿지 않도록 합니다.

생두는 수확한 시기로부터 1년 이내의 생두를 뉴 크롭, 1~2년 이내의 생두를 패스트 크롭, 2년 이상의 생두를 올드 크롭으로 분류합니다. 많은 사람들이 풍부한 향미를 위해 뉴 크롭을 선호하는 편이지만, 그렇다고 해서 올드 크롭이 먹지 못하는 생두인 것은 아닙니다.

Questions

008

::

시중에서 판매되고 있는 '아라비카 100'에서 '아라비카'는 무엇을 뜻하나요?

Arabica

'아라비카 100'의
'아라비카'는 커피 종을 일컫는 것입니다.

커피는 쌍떡잎식물로 꼭두서니과 코페아(Coffea)에 속합니다. 현재는 대표적인 커피 종인 코페아 아라비카와 코페아 카네포라 두 종류가 주로 재배되고 있습니다.

코페아 아라비카 종에는 티피카 품종이나 버본 품종과 같은 더 세분화된 품종들이 있으며, 코페아 카네포라 종의 대표 품종은 로부스타입니다. 로부스타는 아라비카에 비해 저가로 대량 수확할 수 있기 때문에 생산 원가를 따질 수밖에 없는 인스턴트커피에 더 적합합니다.

하지만 요즘은 커피의 품질과 향미를 따지는 소비층이 증가함에 따라 좀더 향미가 풍부한 아라비카의 여러 품종들을 인스턴트커피 시장에서도 사용하고 있습니다.

아라비카 종과 카네포라 종의 비교

	아라비카	카네포라
원산지	에티오피아의 고원지대	열대 서아프리카 지역
재배 지역	아프리카 고원지대 · 서해안, 예멘, 인도, 파푸아뉴기니, 베트남, 중아메리카 · 남아메리카 고원지대, 카리브 해, 하와이 등	서아프리카 · 중아프리카 저지대, 인도, 인도네시아, 필리핀, 태국 등 저지대, 브라질 열대지역 등
적정 기온	15~24℃	20~30℃
적정 강수량	1,500~2,000mm 가뭄에 강하다	2,000~3,000mm 가뭄에 약하다
적정 재배 고도	700~2,000m 경사 지역	700m 이하 저평지 지역
열매 성장 기간	6~9개월	9~11개월
번식	자가수분	타가수분
카페인 함량	1.0~1.7%	2.2~3.4%
지방 함량	13~17%	7~10%
품질	향미가 풍부하다 꽃 향, 과일 향, 고소한 견과류 향 새콤달콤한 산미가 좋다	향미가 밋밋하다 보리차나 옥수수차 같은 구수한 향 쓴맛이 강하다
대표 품종	타이피카 종, 버본 종, 카투라 종, 몬도노보 종, 카투아이 종, 마라고지페 종 등	로부스타 종, 코닐론 종

Questions
009
::

**일명 다방커피라 불리는 믹스커피와
커피전문점에서 판매하는 커피는 어떤 차이가 있나요?**

인스턴트커피는 물에 타서 곧바로 먹을 수 있게 가공한 커피로, 주로 건조된 분말 형태입니다. 현재 시장에서 유통되고 있는 인스턴트커피는 아주 고운 가루형 제품과 알갱이 모양의 제품으로 나뉩니다. 더 나아가 믹스커피란 인스턴트커피에 설탕이나 프림 등의 첨가물을 섞은 것을 말하는데, 인스턴트커피의 특성상 대량 생산을 위해 가공하다보니 원가를 고려해 저지대에서 많이 수확할 수 있는 로부스타 종의 생두를 선택합니다. 하지만 로부스타 품종의 생두는 구수한 향과 함께 거친 쓴맛이 나기도 해서 그냥 블랙커피로만 가공한다면 소비자들이 즐겨 찾지 않습니다. 따라서 로부스타 종의 거친 쓴맛을 감소시키도록 단맛의 설탕과 고소한 여운을 남기는 식물성 유지방인 프림을 첨가합니다.

인스턴트커피가 로스팅과 추출을 거친 후 건조하거나 급속 냉동하는 가공을 한 번 거친 상태라면, 커피전문점에서 판매하는 에스프레소류의 커피나 브루잉류의 커피는 원두의 향미를 최상으로 표현하기 위하여 로스팅한 지 며칠 되지 않은 신선한 원두를 분쇄하여 뜨거운 물에 우려내거나 추출해낸 것을 말합니다. 인스턴트커피는 제조 과정중 손실이 많은 커피의 향을 살리기 위해 인공 식품첨가물을 이용하는 반면, 커피전문점의 원두커피는 원두가 지니고 있는 커피 고유의 향미들이 신선하고 풍부하게 더 잘 표현할 수 있습니다.

인스턴트커피는 1901년 일본계 미국인 과학자 가토 사오리가 처음으로 만들었습니다. 1938년 브라질 생두 생산량이 늘어나 재고가 쌓이자 스위스의 다국적 식품기업인 네슬레에 해결책을 의뢰했고, 네슬레는 네스카페라는 이름의 인스턴트커피를 대량 생산합니다.

인스턴트커피의 제조 과정은 크게 두 가지로 요약할 수 있습니다.

| 분무건조법

주로 과거에 사용하던 방식으로 생두를 선별하여 로스팅한 후 분쇄하여 추출합니다. 추출된 커피액의 수분을 3%로 낮추기 위해 210~310도의 열풍에 커피를 분무시켜 건조시키는 방법으로, 커피 향의 손실이 크다는 단점이 있습니다.

| 동결건조법

제품화시킬 생두를 선별하여 로스팅한 후 분쇄하여 추출하는 것까지는 분무건조법과 동일합니다. 그다음 추출된 커피액을 그대로 영하 15도에서 얼린 후 진공상태로 압력을 크게 낮추면, 얼음이 바로 기체로 변하는 승화를 이용한 방법입니다. 커피 향미가 한층 향상됩니다.

한국산업규격의 인스턴트커피 품질 기준에 따르면, 성상은 고유의 색택과 풍미를 지니고 형태가 양호하고 색조가 균일하며 이미·이취가 없어야 합니다. 수분은 5% 이하, 회분은 11% 이하, 카페인은 2% 이상, 용해성은 적합해야 합니다. 이외에도 최근에는 소비자의 수요에 따라 다양한 인스턴트커피 제품이 개발되고 있습니다.

Questions

010

: :

구매처나 원산지에 따라서 원두의 색과 맛이 달라지는데 왜 그런가요?

커피나무 열매는 익으면 빨갛게 됩니다. 그래서 흔히 커피나무 열매를 커피체리라고 부릅니다. 이 열매 안에는 일반적으로 두 개의 씨앗이 들어 있는데 이를 생두라고 합니다. 커피 로스팅은 생두에 열을 가해 생두가 지닌 여러 가지 성분을 열분해시키는 일련의 작업을 말합니다.

이 과정을 통해 생두가 지니고 있는 여러 성분들이 고유의 맛과 향으로 변화합니다. 또 생두가 열을 흡수하고 발열이 진행되는 동안 다양한 시각적, 후각적, 청각적 변화들이 일어납니다.

많은 로스터들은 로스팅 직전 생두를 평가하게 됩니다.
생두 상태에 따라 로스팅 프로파일이 다를 수 있고, 그렇기 때문에 사용하는 생두의 특성에 따라 열분해 과정을 컨트롤하며 추구하는 향미의 발현 포인트에 맞춰 로스팅 단계를 맞추게 됩니다. 그 결과 차별화된 원두의 색상과 향미의 특징들이 나타나게 됩니다. 색상 정도로 판단한다면 미디엄브라운의 약볶음부터 다크브라운의 강볶음까지로 구분하며, 또 한편으로는 8단계 정도로 구분하기도 합니다.

로스팅 단계 : 에그트론 컬러

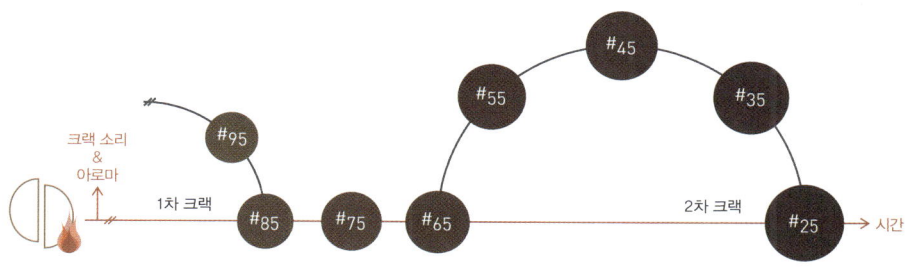

#95		라이트	Very Light	가장 약하게 볶은 단계로 신맛, 곡물맛이 난다.
#85		시나몬	Light	약하게 볶은 단계로 강한 신맛이 난다. 커피 품종의 특성이 나타기 시작한다.
#75		미디엄	Moderatery Light	강한 신맛이 나며 바디감이 조금씩 강해진다.
#65		하이	Light Medium	2차 크랙 직전까지로 산뜻한 신맛이 난다.
#55		시티	Medium	2차 크랙이 조금 지난 시점이다. 커피 품종의 특성은 아직 뚜렷하다.
#45		풀시티	Moderatery Dark	단맛이 강해지고, 원두 표면에 오일이 비친다.
#35		프렌치	Dark	품종의 특징이 줄어들면서, 바디가 강해진다. 원두 표면에 오일이 많이 드러난다.
#25		이탈리언	Very Dark	바디감이 줄고, 단맛에서 쓴맛이 강하게 나타난다.

인쇄물이므로 실제 색상과 차이가 있을 수 있습니다.

로스터마다 약간의 차이가 나긴 하지만, 로스팅 단계를 설정할 때는 원두의 향미나 색상, 로스팅 종료 시간, 로스팅 종료 온도 등을 참고하게 됩니다.

Questions
011

::

커피맛은 어떻게 표현하나요?

프래그랜스(Fragrance)
원두를 분쇄했을 때 강하게 코끝을 자극하는 향

아로마(Aroma)
커피 가루가 뜨거운 물을 만나 기화되는 순간 코로 맡아지는 부드러운 향

플레이버(Flavor)
추출액이 입안으로 퍼지면서 느껴지는 향과 맛

애프터 테이스트(After taste)
추출액을 마시고 난 후 입안과 코의 연결된 통로를 통해 계속 느껴지는 향의 여운

산미(Acidity)
단맛을 지니고 있는 신맛

바디감(Body)
커피를 마셨을 때 입안에 느낄 수 있는 추출액의 질감

밸런스(Balance)
프래그랜스에서부터 바디감까지 이 모든 것들의 조화로움

Balance

커피가 표현할 수 있는 향은 수백여 가지이지만 이론적으로 향을 설명할 때는 크게 프래그랜스, 아로마, 플레이버, 애프터 테이스트로 구분할 수 있습니다.

사람들은 흔히 커피를 마시고 나서 커피맛에 대해 단순히 시다, 달다, 쓰다, 짜다 등으로 많이들 표현하지만 커피는 이렇게 단순히 맛으로만 표현하기에는 무언가 속시원하지 않은 면이 있습니다. 바로 커피가 가지고 있는 다양한 향 때문입니다.

커피에는 다양한 향이 담겨 있으며 이러한 향을 구분하는 기준이 있습니다. 하지만 커피는 기호 식품입니다. 수백여 가지의 화학 성분들을 지니고 있기에 더더욱 기호 식품에 들어가지 않을까 싶습니다. 커피 향미를 표현하는 데 정답은 없습니다. 다만 내가 선호하는 향미의 커피를 찾아서 마시면 그것으로 충분합니다.

Questions
012

::

커피에 관련된 정보를 얻다보면 어디에서는 '갓 볶은 신선한 원두를 사용한 커피가 맛있다'고 하고 또 한편에서는 '숙성시킨 원두를 사용한 커피가 맛있다'고 합니다. 어떤 게 맞는 건가요? 또 원두의 유통기한은 어떻게 되나요?

생두에 열을 가하는 로스팅 과정을 거치면서 원두의 조직은 점점 팽창하고 벌어지게 됩니다. 그렇게 생겨난 무수한 구멍들로 인해 원두는 다공질 상태로 변하게 되죠. 물론 갓 로스팅한 원두는 가장 신선한 상태이지만, 원두 내부 다공질 조직에는 이산화탄소를 비롯한 가스들이 많이 차 있는 상태입니다. 그 상태에서 바로 커핑이나 추출을 한다면 여러 가지 가스들에 의해 추출 수율이 낮아질 수밖에 없습니다. 한마디로 커피의 향미를 이루는 성분들이 제대로 녹지 못할 뿐만 아니라, 이산화탄소의 작용에 의해 커피가 부드럽지 않고 자극적인 느낌으로 표현됩니다. 따라서 원두는 어느 정도 이산화탄소가 감소한 뒤에 사용하여야 합니다. 그것을 커피에선 '숙성시킨다'라고 표현합니다.

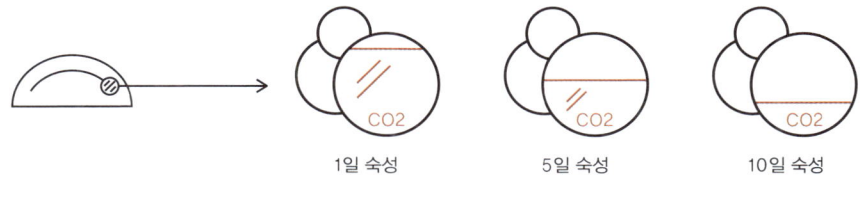

1일 숙성   5일 숙성   10일 숙성

―――
강볶음 예시

커피가 맛있어지는 숙성 기간은 원두의 상태에 따라 다릅니다.
로스팅 단계, 사용한 생두의 수분 함량, 원두 상태에서의 수분 함량, 원두 보관 조건 등에 따라 조금씩 차이가 날 수밖에 없습니다. 평균적으로 약하게 로스팅된 원두보다 수분 함량이 더 높은 경우가 많고, 수분이 많을 경우 조직의 다공질화가 덜 되었을 수 있으므로 원두의 숙성 기간도 더 길어지게 됩니다.

경험상 핸드드립의 경우 로스팅된 후 3~4일 정도 숙성시킨 후부터 사용하여야 커피의 향미가 마시기에 안정적이며 부드럽게 표현됩니다. 에스프레소의 경우는 핸드드립보다 조금 더 숙성시켜야 합니다.
원두의 유통기한은 우리나라 식품가공위생법상 대부분 1년으로 잡고 있습니다만, 맛있는 커피를 위한 유통기한은 커피의 향이 잘 표현될 수 있는 기한까지라 봅니다.
한마디로 원두는 신선 식품군에 속한다고 볼 수 있습니다.
그렇기 때문에 온도가 높거나 습도가 높은 실내에 그냥 방치된 상태보다는, 서늘한 온도(대략 18도 전후)의 공간에 공기와의 접촉을 최소화시킨 상태(밀폐 용기에 보관된 상태)가 원두를 보관하기에 더욱 적합합니다.

원두에서 이산화탄소가 담당하는 역할

로스팅 과정을 거친 원두의 내부 조직은 벌집 모양인 허니컴 구조의 무수한 다공질 상태로 이루어져 있고 이 다공질 안에는 휘발성 유기화합물질과 이산화탄소로 대표되는 가스류가 채워져 있습니다. 이산화탄소는 탄소를 포함하는 물질의 연소, 신진대사, 발효, 화산 분화시 발생됩니다.

로스팅시에는 카르복시기 제거 과정에서 생성되거나, 약간의 연소, 여러 가지 열분해 과정에서의 부산물로도 생성됩니다. 이렇게 생성된 이산화탄소의 물리적인 성질은 무색의 기체이지만, 물에 녹으면 일부는 산성을 나타내는 탄산으로 변화되어 약간의 신맛이 납니다.

이렇듯 로스팅 과정중에는 수분의 증기화를 비롯해 휘발성 유기화합물질과 이산화탄소 등의 가스류 형성으로 다공질 조직의 압력은 증가합니다. 그 결과 세포 조직은 부피 팽창을 하며 느슨해지는데, 부피가 팽창된 상태의 다공질 조직의 압력이 꽤 높은 까닭에 형성된 가스의 대부분은 반투과성의 세포벽과 원두의 균열된 부분을 뚫고 빠져나오며, 외부의 환경과 압력의 평형이 이루어질 때까지 계속됩니다.

로스팅시 생성되는 가스의 양이나 부피 팽창 정도, 다공질 세포 조직의 구조는 로스팅하고자 하는 생두의 조밀도나 생두의 수분 함량, 로스팅 포인트, 로스팅 시간에 따라 달라질 것이고, 이는 가스류가 빠지는 특성에 영향을 주게 됩니다. 가스류가 빠져나오는 속도는 원두 상태일 때와 분쇄 상태일 때를 비교했을 때 분쇄 상태일 때가 훨씬 빠릅니다. 가스류가 확산되는 길이 원두 상태보다는 분쇄 상태가 더 짧고, 공기와 접촉되는 표면적은 원두 상태보다 분쇄 상태가 더 넓기 때문입니다.

Questions
013

::

원두 분쇄 직후 정전기가 무척 많이 발생하는 경우가 있는데 무엇 때문인가요?

원두 분쇄 후 발생하는 정전기의 원인은 원두의 수분 함량 때문입니다. 원두에 수분이 적을수록 정전기 발생이 높습니다. 약볶음에 비해 강볶음이 수분 함량도 더 낮고, 원두의 조직도 더 다공질화되어 있어 정전기가 더 많이 발생합니다.

Questions

014

::

커피를 처음 배울 때 로스팅, 에스프레소, 핸드드립을 배우는 순서가 따로 있나요?

특별히 순서가 따로 있는 것은 아닙니다. 한 잔의 커피가 완성되기까지는 여러 단계를 거쳐야 하고, 그 각각의 과정을 꼭 마스터해야만 커피를 완성시킬 수 있다고 보기는 어렵습니다.

다만 커피를 만드는 과정은 각각 독립적인 과정이기도 하면서 또한 유기적인 관계이기 때문에, 우선 제일 관심이 가는 과정부터 배우면 됩니다.

생두가 원두로 변하는 과정에 관심이 많다면 로스팅 과정을, 손님과 가장 가까운 곳에서 소통하면서 맛있는 한 잔의 커피를 만들고 싶다면 추출 과정을, 추출 과정 중에서도 동적인 성향이면서 기계와 친하다면 에스프레소 과정을, 정적인 성향이면서 다양한 추출 도구를 사용하고 싶다면 핸드드립 과정을 선택하면 됩니다.

Questions

015

::

카페인이 없는 커피는 어떤 것들이 있나요?

디카페인 커피는 디카페인 커피 품종이 따로 있는 것이 아니라, 생두에서 카페인 성분을 제거하는 과정을 거친 커피를 말합니다. 디카페인 커피는 커피의 맛과 향은 그대로 즐기면서 카페인 섭취를 하고 싶지 않은 사람들을 위해서 만든 것입니다. 그러나 디카페인 커피라고 해서 카페인이 100% 제거된 것은 아닙니다. 1~2% 정도의 양이 남아 있어도 카페인 없는 커피로 분류됩니다. 수많은 화학물질이 포함된 생두에서 카페인만 제거해내는 작업은 간단하지 않습니다. 화학물질의 종류가 굉장히 많기 때문에 화학반응을 통해서 선택적으로 카페인만을 제거하는 것도 불가능한 일입니다.

커피에 들어 있는 대표적인 화학물질 카페인은 중추신경에 자극을 줍니다. 커피를 마신 후에 졸음이 달아나고 약간의 긴장감을 느끼는 것은 카페인의 효력 때문입니다. 200ml 기준, 한 잔의 커피에 포함된 카페인은 대략 50~150mg 정도입니다. 그러나 모든 커피에 들어 있는 카페인의 양이 다 비슷한 것은 아닙니다. 커피에 있는 카페인의 함량은 생두의 생산지 혹은 종류나 상태에 따라서 다릅니다.

예를 들어서 에티오피아에서 생산되는 아라비카 생두는 서아프리카나 브라질, 베트남 등에서 생산되는 로부스타 생두보다 카페인 함량이 적은 것으로 알려져 있습니다. 또한 커피 한 잔에 들어 있는 카페인 양은 커피의 종류는 물론 볶는 방법, 커피를 내리는 방법에 따라서도 차이가 납니다.

카페인 제거

대표적으로 세 가지 방법이 있습니다.

용매식 가공법

직접적 용매 가공법 : 생두에 증기를 쐬어 흡기공을 열어 용매가 생두에 직접 닿게 하고 더욱 증기를 쐬어 용매와 카페인을 함께 제거합니다.

간접적 용매 가공법 : 뜨거운 물에 먼저 생두를 담가 카페인을 포함한 모든 성분을 제거한 후, 생두를 물에서 건져냅니다. 그후 카페인을 끌어당기는 용매를 사용하여 생두의 성분이 담긴 물에서 카페인만 제거합니다. 마지막으로 용매와 결합한 카페인은 걷어내고, 카페인과 용매가 제거된 생두의 성분만이 담긴 물을 생두와 다시 합칩니다.

스위스워터 가공법

물만 사용하는 방식으로 두 단계의 가공 과정을 거칩니다. 우선 생두를 뜨거운 물에 담가 생두로부터 향미를 내는 요소와 카페인을 모두 분리시켜놓은 다음 이때 사용한 생두는 버립니다. 카페인은 활성탄 필터를 통해 제거되며, 향미를 내는 요소는 물에 남아 있게 됩니다. 카페인이 제거되고 향미만 있는 물에 새로운 생두를 넣으면, 향미를 내는 요소는 생두에 원래 있던 상태 그대로 남고, 이것을 제외한 카페인만이 분리되어 나옵니다. 향미 요소로만 차 있던 물은 이미 함유되어 있는 양 이상으로는 향미 요소를 흡수할 수 없지만, 카페인은 더 녹을 수 있습니다. 따라서 향미를 내는 요소를 제외한, 카페인이 제거된 생두는 다시 말려서 판매되며, 남아 있는 '향미가 담겨 있는 물'은 활성탄 필터를 통해 카페인을 제거한 뒤 또다른 생두의 카페인을 제거하기 위해 다시 사용합니다.

CO_2 가공법

생두를 고압의 이산화탄소에 담습니다. 고압의 이산화탄소는 부분적으로는 기체, 부분적으로는 액체의 상태이며, 선택적으로 카페인과 혼합하는 성질이 있습니다. 이산화탄소와 결합한 카페인은 활성탄 필터를 통해 제거됩니다.

Questions

016

::

하우스 커피와 싱글 오리진 커피는 무엇이 어떻게 다른가요?

싱글 오리진은 단종 커피 또는 스트레이트 커피라고 불리며 한 곳의 원산지 생두만을 사용했다는 의미입니다. 반면 하우스 커피는 블렌딩 커피를 일컫는 말로써, 여러 싱글 오리진 커피를 섞었다는 뜻입니다.

많은 커피하우스에서 다른 곳과 차별을 두기 위해 그곳만의 특징을 나타낼 수 있는 대표 커피를 블렌딩 커피로 선정하는 편입니다. 블렌딩은 여러 가지 맛과 향을 섞어서 새로운 맛과 향을 만들어내는 단계입니다. 모든 로스터가 자기만의 독특한 맛과 향을 만들기 위해서 단종 커피를 볶는다고 해도 과언이 아닐 정도로 블렌딩은 매우 흥미롭고 어려운 작업입니다.

| 블렌딩을 하는 이유

싱글 오리진 커피의 단순함을 보완하기 위해서입니다.
자기만의 특별한 커피맛과 향을 표현하기 위해서입니다.
로부스타 종이나 등급이 낮은 생두를 사용할 수 있어 원가가 절감됩니다.

| 블렌딩의 기본 조건

자신이 추구하는 맛과 향을 결정해야 합니다.
올바른 생두의 선택이 선행되어야 합니다.
적정 로스팅 단계를 결정해야 합니다.
중성적인 향미를 가진 커피는 블렌딩시 비율(%)에 신경을 써야 합니다.
균형감과 악센트 중 하나만 선택해야 합니다.

| 블렌딩 방식

혼합 블렌딩(Before Blending) 정해진 비율에 맞게 각각의 생두를 혼합한 상태로 로스팅하는 방법
단종 블렌딩(After Blending) 단종별 생두를 각각 로스팅한 후 정해진 비율에 맞게 혼합하는 방법

Questions

017

::

가정에서 로스팅을 할 수는 없나요?

수망 로스팅 준비물

생두, 수망, 냉풍 나오는 헤어드라이어 또는 선풍기,
휴대용 가스버너, 면장갑, 채반, 집게

'로스팅'이란 생두에 열을 가해 구워내 원두로 만드는 작업을 말합니다.

커피 시장이 확대되면서 일반적으로 로스팅의 중요성이 점점 강조되고, 커피의 신선도에 대한 인식이 보편화되는 지금 많은 사람들이 직접 생두를 볶으려 하고 있습니다. 가정에서 직접 로스팅을 하기 위해서는 거창한 기계를 마련하지 않아도 간단한 도구들만 있으면 필요할 때마다 신선한 원두를 공급받을 수 있습니다. 예전에는 프라이팬이나 수망을 이용한 홈로스팅을 많이 하였으나, 최근에는 가정용으로 사용하기 좋은, 가격과 성능 대비 만족할 만한 소형 로스팅 기구들이 다양하게 출시되고 있습니다.

수망 로스팅

수망은 시중에서 판매되는 것 중 대사이즈를 구입하는 것이 좋습니다. 로스팅시 생두를 수망에 담고 골고루 열을 흡수시키기 위해서는 교반이 잘 일어나도록 수시로 흔들어주셔야 합니다. 이때 수망에 너무 많은 생두가 담기면 교반이 잘 일어나지 않습니다.

시중에 판매되는 수망 대사이즈에서 교반이 잘 일어날 정도의 양은 대략 생두 무게 100~150g 정도이며, 로스팅 후에는 대략 85~135g 정도의 원두를 얻을 수 있습니다.

그 정도 양이면 일반적으로 하루에 커피를 1~2잔 마신다는 가정 하에 일주일 정도 사용할 수 있습니다(1잔 추출시 원두 사용량 10~15g 기준).

초보자일수록 흡열이 쉽게 일어날 수 있는 조밀도 약한 생두부터 시작하는 것이 좋습니다. 그후 어느 정도 흡열에 대한 감이 잡히면 점차 조밀도가 강한 생두에 도전해봅니다.

열원은 가정용 가스레인지보다 휴대용 가스버너가 더 적합합니다. 로스팅시 수분의 감소에 따라 생두 표면에 붙어 있던 은피가 분리되는데 아무래도 얇은 막이다보니 수망을 흔들 때마다 부스러져서 가스레인지 주변으로 많이 떨어지기 때문에 사용 후 정리하기 편한 휴대용 가스버너가 좋습니다.

마지막으로 로스팅 후 원두를 빨리 냉각시키기 위해서는 선풍기나 채반 같은 것들이 필요합니다. 냉각은 로스팅만큼 중요합니다. 로스팅 후 빠른 냉각이 이루어지지 않으면 원두의 좋은 향이 손실되고, 약간 탄맛을 느낄 수도 있습니다.

로스팅을 하면서 우리가 체크해야 할 사항은 생두의 물리적인 변화들입니다. 물리적인 변화로는 색의 변화, 부피의 변화, 형체의 변화, 소리의 변화, 무게의 변화 등입니다.

로스팅의 4대 변화

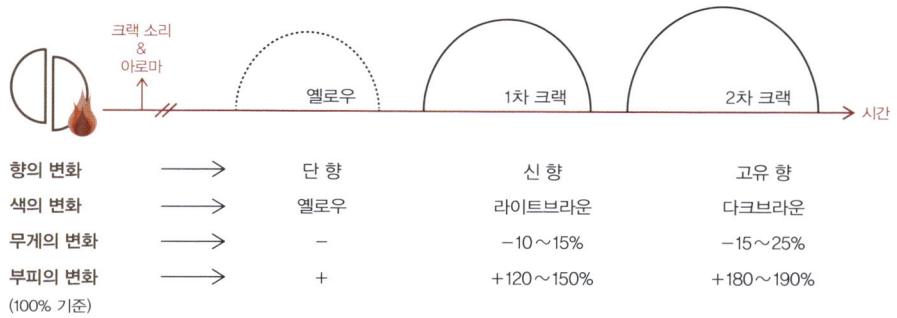

색의 변화

그린 ▶ 옐로우 ▶ 라이트브라운 ▶ 미디엄브라운 ▶ 다크브라운

향의 변화

풋 향 ▶ 빵 굽는 것 같은 단 향 ▶ 기분좋아지는 자극적인 향(꽃 향류, 과일 향류, 허브 같은 향신료 향류) ▶ 무거우면서도 매캐한 자극적인 향(스파이시한 향, 스모키한 향류)

소리의 변화

생두의 크기가 점점 커져가면서, 탁 탁 튀는 파열음을 체크할 수 있다면 더할 나위 없이 좋습니다.

도구가 다 준비되었다면 수망 로스팅을 시작해볼까요?

1. 생두 100~150g 정도를 수망에 담고, 뚜껑을 닫은 후 옆면을 집게로 집어줍니다. 수망을 흔들 때 뚜껑이 열리면 생두들이 수망 밖으로 튀어나올 수도 있으니까요.

2. 생두를 수망에 투입 후 휴대용 가스버너의 화력을 중불 정도로 해서, 생두의 수분을 조금 감소시켜줍니다. 생두의 수분 함량에 따라 차이는 있겠지만 생두 표면에 열이 전달되어 그린 색상이 옐로우 색상으로 변화되는 시점을 대략 4~5분 전후로 맞출 수 있게 수망 높이를 조절해가며 계속 흔들어줍니다.

3. 생두가 옐로우 색상을 띠면서 서서히 빵 굽는 듯한 향이 난다면 휴대용 가스버너의 화력을 강불로 조절한 후 생두의 색상이 라이트브라운으로 바뀌거나 자극적인 향이 7~8분 전후로 발산될 수 있도록 역시 수망의 높이를 조절해가며 흔들어줍니다.

4. 흡열을 통해 발열이 시작되었다면, 색상은 미디엄브라운으로 변하고 자극적인 향이 발산되고 파열음이 연결음으로 활발히 들리기 시작할 것입니다. 이때 휴대용 가스버너의 화력을 다시 중불~약불로 줄여줍니다. 시간은 대략 7분30초~8분30초 전후입니다. 향의 발산이 점점 약해지고, 파열음 역시 잦아들었다 해도 휴대용 가스버너 위에서 수망을 30초~1분 정도 더 흔들다가 2차 발열이 일어나기 전에 불을 끄고 원두를 수망에서 채반으로 옮겨 냉각시켜줍니다.

4-1. 한편 2차 발열을 다시 유도하고 싶다면 8~9분 정도에서 휴대용 가스버너의 화력을 다시 강불로 조절하면 됩니다. 로스팅 배출 시간은 10여 분 정도입니다. 마찬가지로 원하는 배출 포인트 때 원두를 수망에서 채반으로 재빠르게 옮긴 후 선풍기로 충분히 냉각시켜줍니다.

5. 잘 볶아진 원두는 밀폐용기에 담아 서늘한 곳에 보관해두었다가, 3~4일이 경과한 후부터 추출하면 부드러운 커피를 맛볼 수 있습니다.

| **수망의 높이 변화**

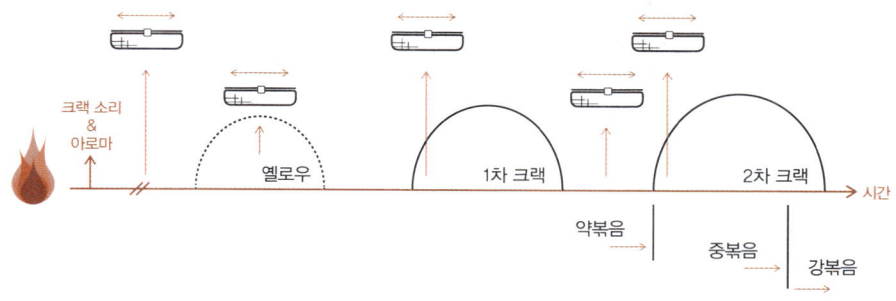

Questions

018

::

커피를 내리는 방법에는 어떤 것들이 있나요?

대표적으로는 물을 어떻게 사용하느냐에 따라 달임법, 우려내기 방식, 중력이나 압력에 의한 추출 방식으로 나뉩니다.

| 달임법

이브릭 또는 체즈베라는 도구를 통하여 우리가 흔히 라면을 끓이듯이 끓이는 터키 커피가 대표적이며, 원두 가루를 걸러내는 여과 방식이 아닙니다.

| 우려내기 방식

녹차티백을 우려내는 것과 같이 뜨거운 물에 원두 가루를 넣고 일정시간 우려낸 후 필터로 걸러내는 여과 방식을 말합니다. 대표적으로 프렌치프레스와 사이펀이라는 기구들이 있으며 최근에는 에어로프레스와 에스프로프레스라는 도구들이 유행하고 있습니다.

| 중력에 의한 추출 방식

원두 가루에 물을 자연스럽게 흘려보내 여과지를 통하여 추출 도구 밑으로 추출액이 나오는 방식으로써 가장 대표적인 것이 핸드드립입니다. 핸드드립의 가장 큰 장점은 다른 추출 도구에 비하여 아로마, 플레이버, 맛의 적절한 밸런스를 잘 표현할 수 있음은 물론 본인의 스타일에 따라 자유롭게 조절이 가능하다는 것입니다.

| 압력에 의한 추출 방식

핸드드립과는 다르게 고온·고압을 사용하여 원두가 가지고 있는 향미를 최대한 많이 추출함으로써 추출된 커피 중 가장 향미가 강하며 바디감이 높은 게 특징입니다. 대표적으로 에스프레소 머신을 들 수 있으며 가정에서 손쉽게 사용할 수 있는 모카포트, 에어로프레스가 있습니다. 에어로프레스는 우려내기와 압력 두 가지 방식이 혼합된 도구입니다.

Questions
019
::

드리퍼의 종류가 다양한 이유는 무엇인가요?

각 브랜드별로 추구하는 향미나 바디감의 정도가 다르기 때문입니다. 멜리타와 칼리타, 고노 세 가지 종류의 드리퍼 가운데 칼리타가 가장 밸런스가 좋고 무난하게 추출 가능합니다. 이에 반해 멜리타는 추출 시간이 다소 길고 아로마가 약하지만 플레이버와 바디감은 좋은 편이며 고노는 셋 중 추출 시간이 가장 길지만 플레이버와 바디감은 우수합니다.

드리퍼의 종류에 따른 향미 비교

모양	멜리타	칼리타	고노
아로마	낮다	높다	낮다
플레이버	높다	중간	높다
애프터테이스트	좋다	중간	좋다
향미 폭	좁다	넓다	좁다
특징	기본적으로 받침지 도구여서 아로마가 높을 것 같지만 추출 시간이 다소 길어서 생각만큼 높지 않다.	전체적으로 가장 무난하며 향미와 바디감의 밸런스가 좋다.	리브의 영향으로 추출 시간이 길어 아로마보단 강한 플레이버가 특징이며 바디감 또한 우수하다.

Questions

020

::

고노와 하리오는 어떤 점이 다른가요?

고노와 하리오는 투과식의 드리퍼이며, 두 가지의 가장 큰 차이점은 리브의 모양과 추출구의 크기입니다. 리브는 드리퍼 내부에 요철 형태로 되어 있으며 물과 추출액이 빠져나가는 통로를 말합니다.

	고노	하리오
모양		
리브	길이가 짧고 굵으며 리브의 수가 많지 않다.	가늘고 길며 나선형이며, 리브의 수가 많다.
추출구	작다	크다
특징	리브가 짧아 추출 속도가 안정적이므로 플레이버와 바디감을 표현하기 좋다. 단 원두의 양이 많을수록 리브로 공기가 통하지 않으므로 추출시 물이 차오른다. 볶음도에 따라 다르지만 강볶음 원두를 추출시 물이 차오르면 떫은맛과 쓴맛, 짠맛이 강하게 표현된다.	나선형의 리브 덕분에 원두의 양이 많더라도 공기가 잘 통하여 물의 흐름을 빠르게 유도할 수 있다. 추출 상태에 따라 다르지만 비교적 낮은 플레이버와 바디감을 표현한다.

Questions

021

::

드리퍼의 재질에 따라서 추출되는 상태가 달라지나요?

도자기
보온력은 우수하지만 추출 능력은 다소 떨어집니다. 플라스틱에 비해 리브가 정교하지 못해서 물이 과하게 차는 경우가 생깁니다. 추출 과정을 관찰하기 어렵습니다.

동
보온력은 준수한 편이지만 추출 능력이 다소 떨어지고 플라스틱에 비해 리브가 정교하지 못하며 추출구가 작은 편이라서 물이 과하게 차는 경우가 생깁니다. 따라서 자극적인 결과물이 나올 수 있으며 추출 과정을 관찰하기에도 부족합니다.

플라스틱
보온력은 다소 떨어지나 추출 능력이 좋고 추출 과정을 관찰하기에 좋습니다.

Questions

022

::

드리퍼에서 리브의 역할은 무엇인가요?

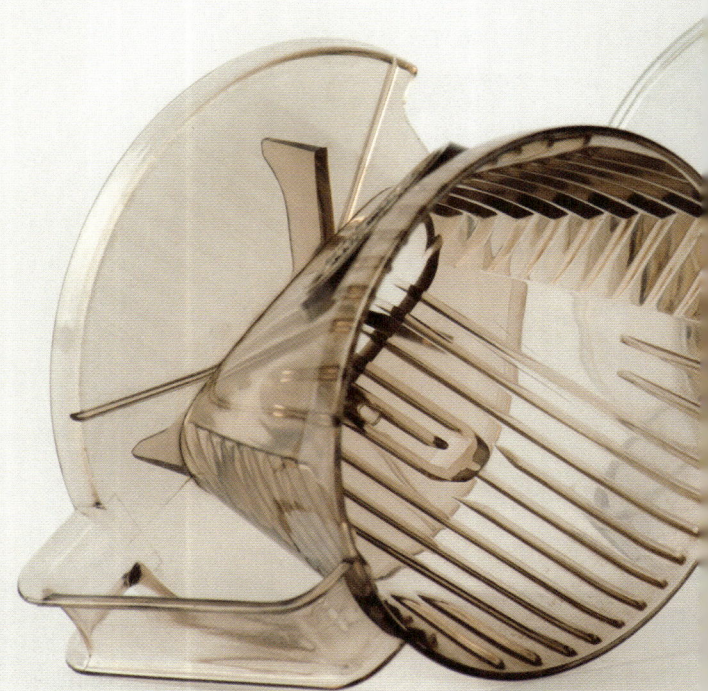

리브는 갈비뼈와 같은 모양으로 생겨서 리브라고 합니다.
리브는 추출액과 공기가 지나가는 통로의 역할을 합니다. 드리퍼에 여과지를 끼우고 물을 넣으면 여과지가 드리퍼의 벽면에 붙는데 리브가 있어 공간이 만들어지고 그 공간으로 추출액과 공기가 빠져나가게 되는 것입니다. 만약 리브가 없다면 이러한 통로 없이 추출구를 통해서만 추출액들이 통과하기 때문에 추출 시간이 길어져서 과다추출이 됩니다.

Questions
023

::

어떤 여과지를 사용해야 하나요?

여과지는 크게 재질과 색, 두께에 따라 구분할 수 있습니다.

스테인리스
미분을 모두 걸러내지 못하며
커피의 오일까지
모두 통과시킵니다.

융
미분을 걸러낼 수 있으며
커피 오일은 반흡수시킵니다.

종이
미분과 커피 오일을
모두 걸러냅니다.

재질의 차이

일반적으로 종이와 스테인리스, 융(플란넬 천 또는 기모천)으로 분류합니다.

색의 차이

황색

나무를 가공하여 표백제를 사용하지 않고 만든 여과지입니다. 표백제를 사용하지 않은 까닭에 주로 이 여과지를 많이 구입하지만 추출시 드립포트의 물이 여과지를 바로 통과하거나 장시간 공기 중에 노출이 되어 있으면 퀴퀴한 나무 향이 날 수가 있습니다.

백색

나무를 가공하고 표백제를 사용하여 만든 여과지입니다. 천연 펄프지가 있는데도 표백제를 사용해 만든 이유는 천연 펄프지에 비해 퀴퀴한 나무 향을 상대적으로 많이 감소시킬 수 있기 때문입니다.

| **두께의 차이**

여과지가 두꺼울수록 추출이 느려진다고 생각하는 분들이 많지만 오히려 그 반대입니다. 종이 여과지를 확대하면 종이의 결을 볼 수가 있는데 촘촘할수록 두껍고 엉성할수록 얇습니다.

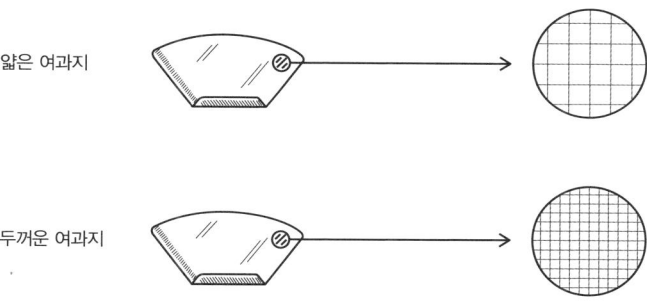

결이 엉성할수록 원두를 분쇄할 때 생기는 미분이 틈에 껴서 고정됩니다. 그러다보니 미분 때문에 물이 통과하지 못하여 추출이 느려지거나 미분에 의한 과다추출이 이루어집니다. 반대로 여과지의 결이 촘촘할수록 미분이 틈에 끼지 않아 추출이 훨씬 원활하며 과다추출 되지 않습니다. 그러나 추출되는 속도가 워낙 빨라 과소추출의 염려가 있긴 합니다.

Questions

024

::

집에서 쉽게 커피를 내려 마시고 싶을 땐 어떤 드리퍼를 선택해야 하죠?

Clever

클레버를 이용하면 우려내기 방식으로 추출하되 종이로 여과하기 때문에 깔끔하면서도 부드러운 향미를 즐길 수 있습니다.

클레버는 드리퍼에 종이 필터를 넣고 원두를 담은 뒤 물을 붓고 2~4분 정도 우려낸 후 추출하는 비교적 간편한 추출 도구입니다. 원하는 시간이 지난 후 컵이나 서버에 클레버를 올리면 바닥에 막혀 있던 실리콘 패킹이 올라가면서 커피가 추출됩니다.

클레버 외에도 요즘은 커피를 추출하는 데 많은 도구가 이용되고 있습니다. 그만큼 더 다양한 향미를 표현할 수 있다는 이야기이기도 합니다. 집에서 쉽게 커피를 내려 마시기 위해서는 먼저 어떤 향미의 커피를 마시고 싶은지를 결정하는 게 좋습니다. 만약 좀더 다양한 향미를 느끼고 싶다면 칼리타를 이용하시면 됩니다.

Questions
025

::

원두를 분쇄하는 그라인더는 어떤 게 좋은 건가요?

커피를 추출할 때 그라인더 선택시 가장 중요하게 생각할 부분은 원두 분쇄 입자의 균일함이라고 할 수 있습니다. 물론 균일하지 않더라도 추출을 통하여 조절이 가능하나 항상 같은 품질의 커피를 표현하기가 힘들기 때문에 분쇄 입자 자체를 균일하게 하는 게 좋습니다. 그라인더 종류는 크게 세 가지로 분류합니다.

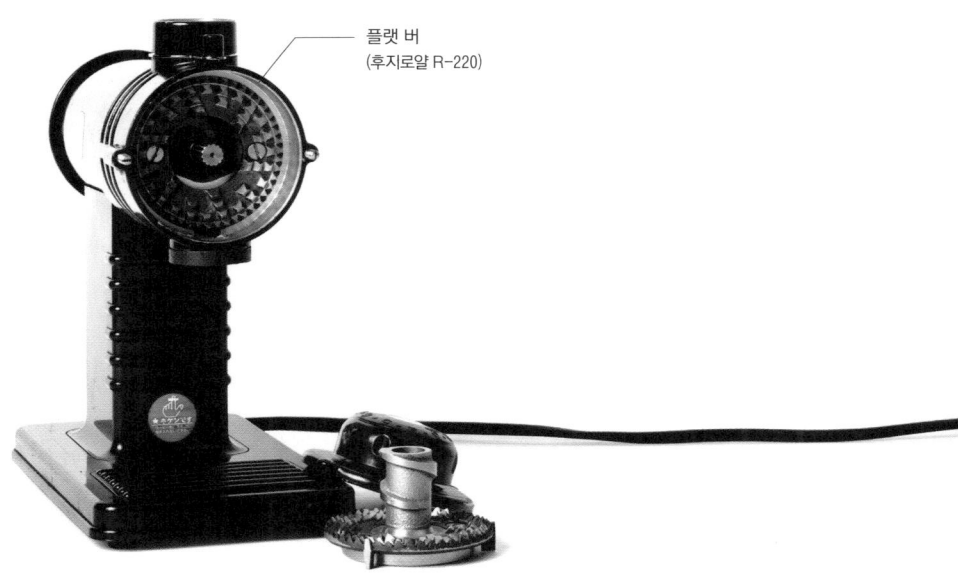

플랫 버
(후지로얄 R-220)

| 그라인더의 종류

	플랫 버	블레이드	코니컬 버
분쇄 형태	절삭식	파쇄식 (믹서기 형태)	파쇄식
입자 균일성	80%	50%	50~70%
열 발생	높음	다소 높음	낮음
특징	대부분의 업소용 또는 고가의 가정용 그라인더에 많이 사용되고 있음.	분쇄 입자가 고르지 못하다보니 주로 가격이 저렴한 가정용으로 많이 사용됨.	가정용 핸드그라인더, 소형 전동그라인더에 주로 사용되며 날의 재질이나 형태를 다듬어 에스프레소 그라인더 또는 고가의 핸드그라인더용으로도 사용됨.

열 발생은 모터에 의해 결정되는 부분이며 현재 출시되는 고가의 그라인더는 공랭식의 냉각 방식을 사용하여 열 발생이 오히려 낮습니다.

플랫 버

코니컬 버

Questions

026

::

커피메이커를 이용할 때는 어떻게 분쇄해야 하죠?

커피메이커를 이용하여 추출할 때는 핸드드립 분쇄보다는 조금 굵게 분쇄해야 합니다. 많은 양의 원두를 이용하여 추출하기 때문에 너무 가늘게 분쇄하면 추출되는 시간이 길어져 자극적인 맛이 표현될 수 있으며, 핸드드립과 다르게 물줄기를 회전하며 추출하지 않기 때문에 어느 한쪽으로 치우칠 수도 있습니다.

Questions
027

::

물에 따라서 커피 향미가 많이 달라지나요?

추출 수업을 하면서 가장 많이 받는 질문 중 하나가 수업중 내렸던 것과 똑같이 하는데 집에서는 같은 느낌이 안 나온다는 것입니다. 그 이유 가운데 하나를 꼽으라면 물의 차이입니다. 각 지역 또는 정수기 상태에 따라서 커피 향미도 자연스럽게 그 물에 맞추어 바뀌어버립니다.

물은 크게 두 가지로 구분되는데, 자연적인 광물인 물을 '연수'라고 합니다. 이 연수가 각 지역별 상수원에서 수도관을 통하여 일반 가정으로 오면서 인위적으로 철분이나 마그네슘 등 불순물을 흡수합니다. 그 물을 '경수'라고 하는데 약간 날카로우면서도 텁텁하고 거친 느낌이 나는 게 일반적이며 특히나 물을 소독하는 날이면 냄새가 심하게 진동합니다. 그에 반해 연수는 다른 인위적인 불순물이 많이 섞이지 않아 부드럽고 지역별로 독특한 특징이 있는 것이 경수와의 차이점입니다. 같은 볶음도의 같은 원두를 정수기와 수돗물 그리고 마트에서 판매하는 물로 실험해보면 판매용 물(철분 함량이 높은 물도 있음)과 정수기 물(필터의 여과 능력에 따라 다름)이 커피 향을 제일 많이 가지고 있으며 수돗물로 추출한 커피는 약간 칼칼한 느낌을 줍니다.

Questions

028

::

드립포트를 어떤 걸로 골라야 할지 모르겠어요.

드립포트의 수출구가 S자로 구부러져 있는 전용 포트가 좋습니다.

알라딘 포트

동 포트

호소구치

우선 어떤 드립포트를 선택해야 하는지보다는 왜 드립 전용 포트를 사용하는지부터 살펴보겠습니다.

보통 일반 주전자의 경우 수출구(물이 나가는 관)가 위에 있거나 아래 있다 하더라도 관이 일자로 뻗어 있는 게 특징입니다. 그러다보니 수출구가 위에 있는 경우 스윙(물을 원두 가루 위에서 원으로 돌리는 행위)시 물에 의한 흔들림 때문에 고운 물줄기로 일정하게 나오기가 힘들며, 아래 있는 경우는 물에 의한 흔들림은 적으나 물의 무게 때문에 물줄기가 너무 세서 원두 가루를 파고드는 형태가 되어버립니다. 그렇기 때문에 물에 의한 힘을 줄이면서 안정적으로 일정한 물줄기를 제공하기 위해서는 드립포트의 수출구가 S자로 구부러져 있는 전용 포트가 좋습니다.

| 드립포트 비교

	호소구치	동 포트	알라딘 포트
가격	저가 (3~8만 원)	고가 (15~25만 원)	동-고가, 스텐-저가 (4~30만 원)
재질	스테인리스	동	동 또는 스테인리스
수출구 굵기	가늘다 (일정한 굵기)	굵다 (일정하지 않음)	가늘다 (일정한 굵기)
수출구 길이	짧다, S굴곡이 심함	짧다, S굴곡이 약함	길다, S굴곡이 약함
수출구 끝부분	가늘다	완만함	매우 가늘다
장점	초보자도 쉽게 물 조절 가능	자유로운 물줄기	아주 가는 물줄기
단점	굵은 물 주입시 물의 힘이 세다.	가는 물줄기가 익숙해지는 데 시간이 걸린다.	굵은 물 주입시 물의 힘이 세다.

Questions
029

::

각각의 핸드드립 방법에는 어떤 차이가 있나요?

사람마다 좋아하는 음식이 제각각 다르고 조리하는 방법도 다르듯 좋아하는 향미와 추출 스타일이 다를 수밖에 없습니다. 만약 모두가 동일하고 같은 방법으로 추출했다면 커피 문화가 이렇게까지 발전하지 않았을 것입니다.

드립 방식은 물 주입 방법에 따라 두 가지로 나눌 수 있습니다.
정교한 물줄기를 이용하는 핸드드립 방법과 한번에 많은 물을 붓는 푸어오버푸어(Pour over pour) 방법입니다.
핸드드립의 방법은 정교한 물줄기를 여러 번 나누어 주어서 추출하기 때문에 커피의 다양한 향미들이 균형감 있게 표현됩니다.
푸어오버푸어 방법은 정해진 물 주입에 상관없이 많은 물을 부어주고 추출이 될 때까지 기다렸다가 다시 물을 주입하는 방법으로 우려내기 방법과 유사하게 추출되는 것이 특징이며 대체로 마일드하고 향미의 편차가 적습니다.
커피는 기호식품이기 때문에 추출하는 방법에 따라 다르게 표현되는 향미를 개인적인 취향에 맞게 즐기면 됩니다.

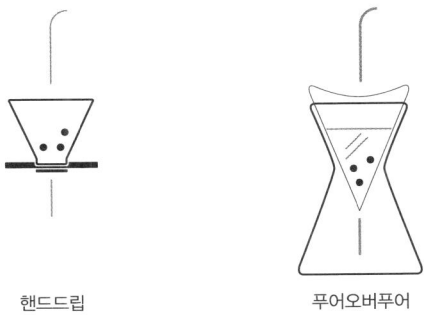

핸드드립   푸어오버푸어

Questions

030

::

핸드드립을 할 때 물 주입은 어떻게 해야 하나요?

추출시 물을 주입하는 방식에는 여러 가지가 있으나 그중에 많이 사용하는 방식은 세 가지입니다.

| 추출 방식

	나선형 추출	동전형 추출	점형 추출
형태	달팽이집 모양	동전(원)	물방울
사용 면적 (분쇄 원두 면적 대비)	70~80%	40~50%	10%
1회 물 주입량	다량	소량	극소량
주 사용 도구	멜리타, 칼리타, 고노	고노, 융	고노, 융

Questions

031

::

물 주입은 동일한 방향으로 해야 하나요?

네. 처음부터 끝까지 동일한 방향이어야 합니다.

개인에 따라 시계 방향과 시계 반대 방향으로 주입하는데 그 방향을 동일하게 유지하기만 하면 됩니다. 물 주입에 의해 원두조직 안에 있는 여러 가지 향미의 용질체들이 용해되어 추출되는데 추출액 흐름의 방향은 물 주입 방향에 의해 정해집니다. 그러므로 같은 방향으로 주입하면 일정한 추출을 통해 균형감 있게 표현할 수 있습니다.
만약 물 주입 방향을 변경하면 일정한 추출이 이루어지기 어려우며 그에 따라 추출 시간이 지연되어 잡미 등이 표현될 수 있습니다.

Questions

032

::

드립을 할 때 어떤 물줄기가 좋은 건가요?

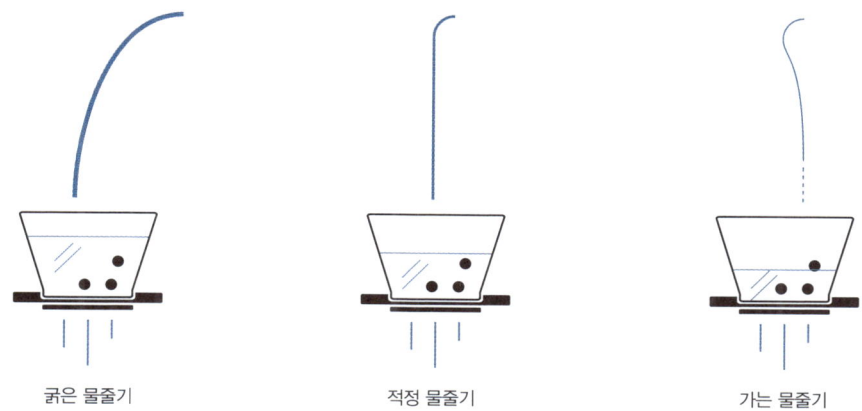

굵은 물줄기   적정 물줄기   가는 물줄기

드립을 할 때는 일정한 물줄기를 유지하는 것이 중요합니다.

나선형으로 물을 주입할 때는 회전 속도나 방향에 따라 물줄기 굵기가 차이 나지 않도록 연습하는 게 좋습니다.

뜸 물을 주입할 때는 가벼운 물줄기를 사뿐히 얹어주듯이 하는 게 좋으며, 추출시에는 조금 굵은 물줄기로 주입하면서 추출구에서 추출액이 나오는 속도와 추출된 커피의 향미를 체크한 후에 추출 시간과 물 주입량을 조절합니다.

Questions
033
::

추출시 커피 표면에 하얀 거품이 생기는 이유는 무엇인가요?

추출시 커피 표면의 거품 색이 연하게 변하는 이유는 반복되는 물 주입에 의해 향미 성분들이 점점 줄어들었기 때문입니다.
처음 물 주입에 의한 거품의 색보다 두번째 세번째 물 주입시 거품이 더 연해지는 것이 이러한 현상 때문입니다.
이러한 거품의 색은 원두의 볶음도에 따라 달리 표현되기도 합니다. 원두조직이 단단한 약볶음의 경우 강볶음의 경우보다 거품이 더 연한색입니다.

| **거품 색의 변화**

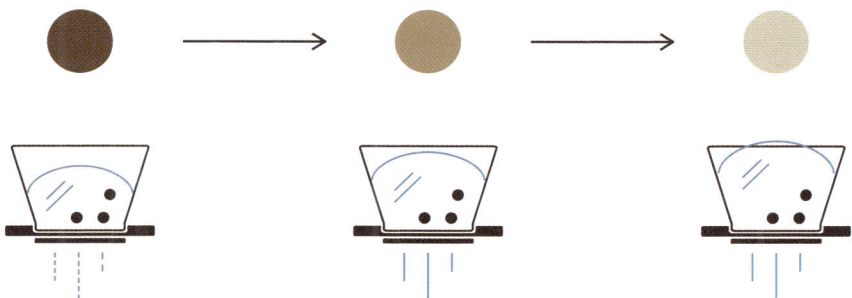

Questions

034

::

물 온도가 몇 도일 때 커피를 내리는 게 좋을까요?

보통 커피를 내리는 물의 온도는 약 80~95도 사이입니다. 80도 이하의 물로 커피를 내리지 않는 이유는 원두가 가지고 있는 많은 양의 향미 성분을 충분히 녹이지 못해서 과소추출이 될 가능성이 높기 때문입니다. 그와 반대로 95도 이상의 물은 용해 능력이 현저하게 높아져 과다추출의 원인이 됩니다. 또한 물 온도는 추출 시간과 밀접한 연관성이 있기 때문에 원두의 볶음도를 우선적으로 판단하여 설정하는 것이 바람직합니다.

	약볶음	중볶음	강볶음
사진			
물 온도	90~95도	86~88도	82~84도
뜸 시간	10~20초	20~30초	35~45초
추출 시간	50초~1분	1분~1분10초	1분10초~1분20초

Questions

035

::

**원두 상태에 따라 뜸 시간을 조절하는 이유는 무엇인가요?
어떤 상태를 보고 결정하나요?**

추출 과정에서 뜸이란 원두조직의 다공질 공간 안에 물이 흡수되어 이산화탄소의 팽창과 수용성 성분들을 용해하는 과정까지를 말합니다.

원두의 볶음도나 숙성에 따라 조직 안에서 반응하는 이산화탄소나 수용성 성분들은 달라지므로 뜸 시간을 조절해야 하며 그 조절은 커피 표면의 팽창 정도를 보고 판단하면 됩니다.

예를 들어, 약볶음 원두는 이산화탄소의 양도 적고 수용성 성분 또한 강볶음에 비해 적기 때문에 뜸 시간을 짧게 하고, 반대로 강볶음은 뜸 시간을 길게 하면 됩니다.

Questions
036

::

뜸을 들일 때 팽창 정도가 다른 이유는 무엇인가요?

뜸은 이산화탄소의 팽창과 수용성 성분들의 용해도에 따라 달라집니다. 물을 주입할 때 팽창 정도가 달랐다면 볶음도나 숙성도에 의한 이산화탄소의 정도에 차이가 있을 수 있으며, 동일한 원두일 경우 점형 뜸과 나선형 뜸 등 물 주입 방법에 따라 달라질 수 있습니다. 그리고 드리퍼에 담은 원두 가루 간의 밀도에 따라 팽창 정도가 다를 수 있습니다.

| **볶음도에 따른 다공질 상태**

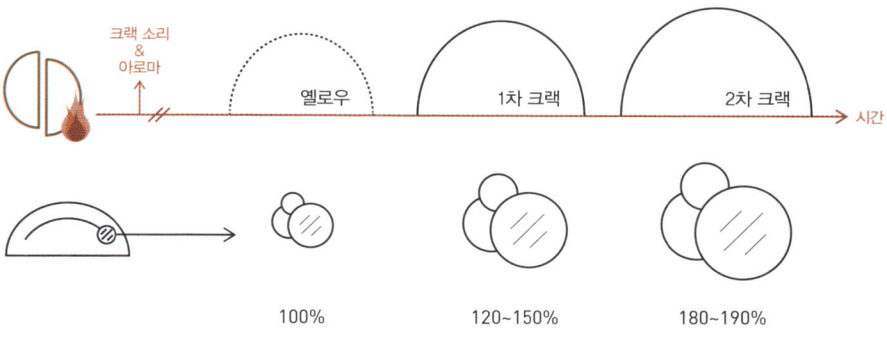

Questions

037

::

드립으로 추출할 때 뜸을 들이기 위해 물 주입을 할 경우 가는 물줄기로 많은 회전을 하는 것과 굵은 물줄기로 적은 회전을 하는 것, 어떤 방법의 결과물이 향미가 더 좋을까요?

'뜸'은 원두를 구성하고 있는 많은 요소들 가운데 물에 녹는 성분을 용해하는 과정을 말합니다. 가는 물줄기로 뜸 물을 주입할 경우 다공질 공간에 물이 잘 흡수되어 용해율이 높아지고 다양한 향미를 표현할 수 있는 반면, 물줄기가 너무 굵으면 다공질 공간에 흡수되지 못한 물은 추출구를 통해 떨어집니다. 이렇게 추출된 커피는 용해율이 낮기 때문에 향미가 적고 밋밋해집니다.

이러한 표현의 차이는 물의 양이 동일할 경우 물줄기의 굵기에 따른 향미의 변화를 말합니다. 따라서 물줄기의 굵기나 회전 수보다는 원두가 물을 잘 흡수할 수 있도록 해주는 것이 가장 중요합니다.

Questions

038

::

약볶음의 원두를 진하게 추출하려면 어떻게 해야 하나요?

약볶음의 원두를 진하게 추출하려면 추출시 원두의 양과 물 주입량 등 여러 요소들을 맞춰주어야 합니다.

단, 약볶음의 원두를 진하게 추출하면 부드러운 산미가 자극적으로 표현될 수 있습니다. 강볶음 원두로 진하게 추출한 후 물을 섞는 방법도 있습니다.

	원두 양	물 주입량	추출량	물 온도	뜸 시간	추출 시간
약볶음 진하게	늘림	줄임	줄임	낮게	길게	길게
강볶음 연하게	줄임	늘림	늘림	높게	줄임	줄임

적정 추출 기준 대비

Questions
039

::

고노로 추출하는데 계속 물이 차올라요.

| 추출 도구 비교

모양	멜리타	칼리타	고노
추출 방식	받침지	받침지	투과
리브	가늘고 길다. 리브의 수가 많고 촘촘하다.	보통 굵기이며 길이가 길다. 리브의 수가 많고 촘촘하다.	굵고 짧다. 리브의 수가 적다.
추출구	1개(좁다)	3개	1개(넓다)
특징	추출구가 하나여서 추출 속도가 상대적으로 많이 느려지는 것을 리브가 상쇄시켜줌	가장 보편적인 추출 도구	추출구가 넓지만 리브가 짧기 때문에 추출되는 속도가 느린 편

종이는 특성상 물에 젖으면 어딘가에 달라붙으려는 성질을 가지고 있는데 이때 리브는 추출 후 여과지를 쉽게 제거할 수 있도록 도와주며 공기와 물의 흐름을 동시에 만들어줍니다.

만약 리브가 없다면 여과지는 물에 젖으면서 드리퍼 벽면에 달라붙고 물은 추출구가 있는 밑 부분으로만 향하여 추출되는 속도가 현저히 떨어지고 물이 계속 차오르게 됩니다.

이렇게 물이 차오르는 특징을 가진 것이 고노인데 물이 차오르기 시작하면 커피가 가지고 있는 잡미나 쓴맛 등이 강하게 표현되므로 고노로 추출할 때는 원두의 분쇄 입자가 너무 가늘지 않은지 확인합니다. 분쇄 입자가 너무 가늘면 물의 흐름이 좋지 않아 추출되는 양보다 고여 있는 양이 많아집니다. 그리고 굵은 물줄기를 활용하여 연속된 회전으로 추출하기보다는 가는 물줄기로 오백 원짜리 동전 크기만큼 한 바퀴씩 나누어서 추출하는 것이 좋습니다.

Questions

040

::

약볶음의 원두를 추출하는데 왜 물이 차오르죠?

| 교반 상태

| 정상 추출

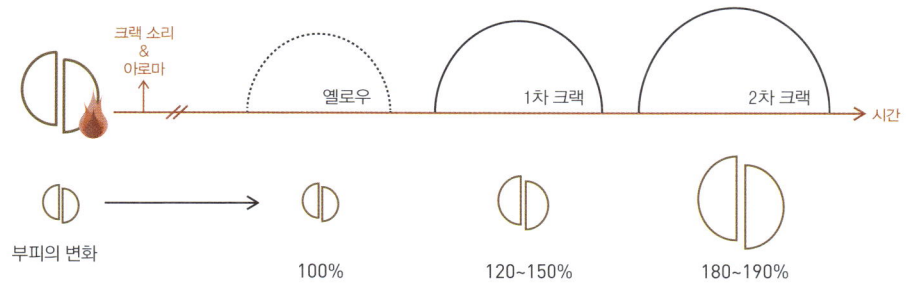

각각의 로스팅 단계별로 원두의 팽창력이 달라지는데 약볶음일수록 원두 팽창력은 약하고 강볶음일수록 원두 팽창력이 강합니다.

약볶음이 팽창력이 약하다는 말은 원두가 가지고 있는 다공질의 크기가 그만큼 작고 그만큼 이산화탄소가 현저하게 적으며 조직 자체가 단단하다는 것입니다. 때문에 핸드드립에 중요한 이산화탄소의 반응도 약하고, 조직이 단단하여 물을 흡수하는 것도 느려지기 때문에 물이 차오르는 경우가 많습니다.

이 경우 뜸을 들인 후 첫번째 물을 주입할 때 힘을 조금 높여주어 추출구가 빨리 열리게 유도하면 좀더 맛있는 커피를 맛볼 수 있습니다.

Questions

041

::

커피를 내릴 때 융을 사용하는 이유는 무엇인가요?

융이란 이름이 다소 생소할 수 있지만 우리가 흔히 알고 있는 기모천(또는 플란넬)이라고 생각하면 됩니다. 기본적으로 면 위에 가느다란 실 가닥이 있으며 단면 기모와 양면 기모로 나뉩니다. 현재 우리나라 원단시장에서는 짜임새가 다소 부족한 원단밖에 없어 주로 기성품을 구매하여 사용하며, 투과식의 고노와 비교를 많이 합니다.

고노와의 가장 큰 차이점은 바로 팽창력입니다.

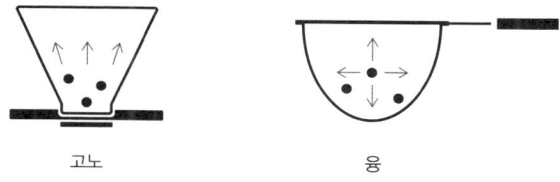

고노 또는 모든 드리퍼의 재질이 플라스틱이나 도자기 혹은 동으로 되어 있다보니 팽창이 상하좌우로 되기보단 상부쪽으로만 향하게 되어 원두 가루 내부의 위쪽과 아래쪽의 밀도가 달라지는 반면, 융은 원단 자체적으로 어느 정도 팽창력을 갖기 때문에 고노에 비해 상대적으로 원두 가루 내부의 밀도가 전반적으로 비슷하게 됩니다. 그렇기 때문에 전체적인 향미의 밸런스가 좋다는 것이 특징입니다. 또한 종이 여과지보다는 융이라는 원단 자체가 커피 오일 성분을 많이 배출하기 때문에 입안의 질감이 상당히 부드러워질 수밖에 없습니다.

Questions

042

::

더치커피를 내릴 때 얼음물을 사용하면 안 되나요?

얼음물(약 0도)을 사용한다면 용해 능력 즉 원두가 가지고 있는 향미를 녹일 수 있는 능력이 현저하게 떨어지기 때문에 되도록이면 얼음물보다는 실온의 물을 사용하는 것이 좋습니다.

목욕탕에 가서 때를 밀 때 차가운 물보단 따뜻한 물에서 때를 불리는 것과 같은 이치입니다. 물론 찬물(약 20도 전후)에서도 때를 불릴 수 있지만 그만큼 장시간 불려야 한다는 단점이 있습니다. 이렇듯 따뜻한 물을 사용하는 경우가 우리가 일반적으로 추출하는 방식이며 그와는 반대로 찬물을 사용하는 것이 더치커피입니다. 얼음을 계속 보충해주면서 추출을 하면 원두가 가지고 있는 단맛이나 고유의 향이 표현되기보다는 산미가 다소 강하면서 단순한 더치커피가 추출되며, 추출 시간을 어떻게 조절하느냐에 따라 커피의 향미가 달라집니다.

Questions

043

::

에스프레소 머신을 사용하지 않고도
카페라테나 카푸치노, 캐러멜마키아토 등을 만들 수 있을까요?

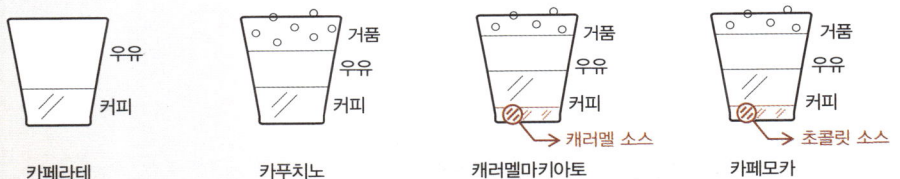

Variation coffee

카페라테나 카푸치노처럼
커피에 우유 등을 넣은 음료를
베리에이션 커피라고 합니다.

우리가 마시는 일반적인 우유에는 지방 성분이 많이 포함되어 있기 때문에 아무래도 배합하는 커피에도 지방(오일)이 얼마나 포함되느냐에 따라서 그 느낌이 많이 달라집니다. 예를 들어, 우유에 바나나 향을 첨가한 물을 희석하는 것과 바나나 과즙을 희석하는 것의 차이와 같은 이치입니다. 그만큼 커피가 가지고 있는 오일 성분을 많이 뽑아내야 하는데 가장 적합한 것이 에스프레소 머신이며 그와 근접하게 추출할 수 있는 도구가 모카포트, 에어로프레스, 융이라고 할 수 있습니다. 물론 고노나 칼리타 같은 도구로도 충분히 가능하지만 전체적인 향미와 바디감의 밸런스를 맞추기가 힘듭니다.

Questions
044

::

집에서 우유 거품을 만들려면 어떻게 해야 하나요?

우유 거품은 우유 내부에 공기를 주입함으로써 만들어지는데 이 때 주입된 공기 방울을 얼마나 곱게 만들어내느냐에 따라서 우유 거품의 질이 달라집니다.

흔히 가정에서 많이 사용하는 도구 가운데 차나 커피를 우려내는 프렌치프레스를 사용하면 거품을 낼 수 있습니다.

적당량의 우유를 프렌치프레스에 넣고 스프링 부분을 우유의 표면에 두고 위아래로 펌핑하면서 거품을 만들되 거품이 생겨 부피가 팽창하면 그에 맞춰 스프링의 위치도 움직이면 됩니다. 원하는 만큼 거품이 만들어지면 바닥에 있는 우유와 혼합을 위해 아래 부분을 펌핑해주면 됩니다.

또다른 방법으로는 전동거품기가 있습니다. 우유를 적당히 넣은 컵에 전동거품기를 담그고 전원을 켜면 점점 거품이 만들어집니다.

| 프렌치프레스로 거품 만들기

공기 주입 펌핑 굳히기

Questions
045

::

드립으로도 아이스 메뉴를 만들 수 있나요?

가능합니다. 아이스 메뉴는 얼음을 이용하므로 따뜻한 메뉴를 추출할 때보다 많은 원두량으로 적은 양을 추출하면 됩니다.

아이스 핸드드립의 경우 원두 25g을 이용하여 얼음이 5~6개 정도 담긴 서버에 얼음 포함 200ml를 추출하면 됩니다. 이때 얼음의 양은 100ml, 추출량은 100ml입니다. 추출한 커피를 얼음이 가득 담긴 아이스 잔에 모두 부어주면 됩니다.

아이스 카페라테는 원두 25g을 이용하여 엑기스 60ml 정도 추출하여 얼음이 담긴 아이스 잔에 붓고 우유를 넣으면 됩니다. 우유의 양은 개인 기호에 따라 달리하면 됩니다.

아이스 카푸치노는 원두 25g을 이용하여 엑기스 60ml 정도를 추출하여 얼음이 담긴 아이스 잔에 붓고 프렌치프레스나 전동거품기로 우유 거품을 낸 뒤 부어주면 됩니다.

Questions
046

::

에스프레소는 무엇인가요?

영어로 빠르다는 의미의 '익스프레스(express)'를 뜻하는 에스프레소는 곱게 분쇄한 원두를 9기압의 높은 압력과 95도 전후의 뜨거운 물을 이용하여 순간적으로 추출하는 방식입니다. 이 과정에서 원두 안의 지방과 단백질이 빠져나오면서 물과 뒤섞여 유화 상태가 되기 때문에 에스프레소는 약간 걸쭉하고 아주 짙은 갈색의 액체로 보입니다. 이 액체를 가까이에서 보면 작은 기름 방울이 무수히 떠 있는 것을 볼 수 있습니다.

Questions

047

::

에스프레소 추출 과정을 자세히 알려주세요.

| 전광수커피하우스 에스프레소 추출 과정

물기 제거
마른 행주나 리넨을 이용해 포터필터에 잔여한 물기를 제거하는 동작

그라인딩
추출시 필요한 적절한 입자로 원두를 분쇄하는 동작

도징
포터필터에 담아야 할 정량대로 담는 동작

레벨링
포터필터 내 원두의 밀도를 다지는 동작

탬핑
원두를 일정한 압력으로 누르는 동작

폴리싱
탬핑 이후 원두 표면적을 매끄럽게 하는 동작

가루 털기
탬핑이 덜 이뤄진 원두 가루를 털어내는 동작

장착
포터필터를 그룹헤드에 장착하는 동작

추출
추출 버튼을 눌러 원하는 양을 뽑는 동작

| 전광수커피하우스 에스프레소 추출 레시피

압력 9기압 (±1기압)
커피 사용량 15.5g (±0.5g)
추출량 60ml (2샷 기준)
추출 시간 25초 (±3초)

* 머신 : 달라코르테
  그라인더 : 안핌 카이마노

Questions

048

::

에스프레소는 왜 진한가요?

에스프레소는 가압 추출법으로 20~30초 동안의 빠른 시간 안에 추출되기 때문에 순간적으로 물에 녹는 성분과 물에 녹지 않는 성분이 함께 추출됩니다. 따라서 에스프레소 머신을 사용하지 않고 추출한 커피보다 진한 커피맛을 느낄 수가 있습니다.

Questions

049

::

왜 에스프레소를 샷이라고 부르나요?

에스프레소 한 잔을 '샷(shot)'이라고 부르기도 합니다. 이는 오래전 수동 머신으로 추출할 때 스프링이 부착된 피스톤과 연결된 손잡이를 당겨줘야 했기 때문에 '당기다, 발사하다, 쏘다' 등의 의미에서 유래했다고 전해집니다. 크레마를 포함한 양이 약 30ml(1oz)일 경우 '원 샷'이라고 부릅니다.

Questions

050

::

에스프레소는 반드시 20~30초 사이에 빠르게 추출해야 하나요?

커피에는 정답이 없습니다. 에스프레소의 역사는 오래되었고 오랜 기간 동안 추출했던 결과물을 봤을 때 20~30초 내외로 추출한 커피의 향미가 제일 좋았기 때문에 어디까지나 권장하는 것이지 꼭 지킬 필요는 없습니다. 제일 중요하게 생각해야 할 것은 추출하는 시간보다 결과물을 마셔보고 평가하는 것입니다. 그것이 제일 이상적인 방법입니다.

Questions
051

::

에스프레소 잔이 작은 이유는 무엇인가요?

에스프레소 잔의 정식 명칭은 데미타세(Demitasse)이며 프랑스어로 Demi(반)와 Tasse(잔)을 뜻하는 합성어입니다. 보통 사용하는 커피 잔의 절반 정도 크기라고 해서 붙여진 이름입니다. 한 잔의 에스프레소는 30ml의 적은 양으로 데미타세 잔에 제공되는데, 이 잔은 손잡이의 사이즈가 작고 두꺼운 것이 특징입니다. 잔이 두꺼운 이유는 음료의 양이 적어 빨리 식는 것을 방지하고자 함이고, 손잡이가 작은 이유는 잔을 들고 마실 때 흔들림을 적게 하여 크레마가 깨지는 것을 방지하기 위해서입니다.

Questions

052

::

에스프레소에 거품은 왜 생기는 건가요?

머신에서 나오는 높은 압력으로 추출되는 순간, 원두에 함유되어 있던 지방 성분과 이산화탄소가 결합하면서 에스프레소 액상 위에 거품의 형상으로 나타납니다. 이 거품을 '크레마'라 부릅니다. 이 크레마는 커피가 빨리 식는 것을 막아주고, 지방 성분에 의해 부드럽고 단맛이 느껴지며, 커피가 가지고 있는 휘발성 향미인 오일 성분을 많이 함유하고 있어 보다 풍부하고 강한 향을 유지하게 해줍니다.

Questions

053

::

에스프레소를 추출할 때 왜 두 갈래로 나오나요?
하나로 나오는 건 없나요?

하나로 추출하는 경우도 있습니다.

에스프레소가 추출되어 나오는 부분을 '스파우트(spout)'라고 부르며 기본적으로 1구와 2구가 있습니다. 1구와 2구의 바스켓필터에 담기는 원두의 양에 따라 향미의 차이가 나는데, 2구에서 추출된 에스프레소의 향미가 1구에서 추출된 것보다 풍부하고 깊은 맛이 표현됩니다. 때문에 많은 매장에서 2구로 된 포터필터로 추출하는 것을 선호합니다.

또한 스파우트가 없는 포터필터인 바텀리스를 사용하기도 하는데 추출되는 과정을 볼 수 있어 바리스타들이 연습을 할 때 많이 사용하며 실제로 매장에서 추출할 때 사용하기도 합니다.

| **스파우트 비교**

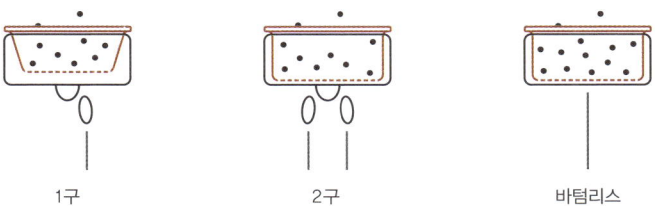

Questions

054

::

탬핑은 왜 하나요?

| 탬핑 비교

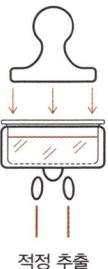

적정 추출

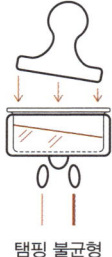

탬핑 불균형

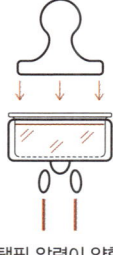

탬핑 압력이 약함

Tamping

<u>탬핑이란 포터필터에 담긴
분쇄된 원두 가루를 특정 압력으로
눌러 다지는 작업입니다.</u>

원두 가루 입자의 크기와 얼마나 채워 담고 눌러주느냐가 투과성에 영향을 미치는데, 적당한 투과성이 있어야 보다 좋은 향미를 이끌어낼 수 있습니다. 이뿐만 아니라 필터에 담은 원두를 얼마나 균일하고 적당한 압력으로 눌러주는가도 중요합니다. 탬핑 압력이나 입자들 간의 밀도가 균일하지 못하면 예측할 수 없는 수로가 생겨 그쪽으로 물이 빠져나가게 되는데 그 부분은 과도한 추출이 일어나는 반면 다른 쪽은 과소한 추출이 일어나기 때문에 탬핑 작업시 주의를 요합니다.

Questions
055

::

탬퍼의 종류에 따라서 맛이 많이 달라지나요?

탬퍼 베이스에 따라 향미가 다르게 표현될 수 있습니다. 대표적으로 플랫형 베이스와 커브형 베이스를 예로 들 수 있는데, 플랫형 베이스보다 커브형 베이스로 추출했을 때 좀더 진하게 추출됩니다. 그래서 원두를 적게 담고 추출하는 머신에는 커브형을 추천하기도 합니다.

하지만 탬퍼 베이스의 모양보다는 탬핑하는 순간 눌러주는 압력, 수평 여부, 그리고 정량의 원두를 넣고 추출하는지에 따라 맛의 큰 차이를 보이게 됩니다. 따라서 많은 노력과 연습이 필요합니다.

| 탬퍼 베이스 비교

플랫형

커브형

C 플랫형

Questions

056

::

에스프레소 샷을 한꺼번에 뽑아놓았다가 조금씩 먹으면 안 되나요?

에스프레소뿐만 아니라 추출된 커피는 향기 성분이 급격히 증발하기 때문에 오래 두면 커피의 향미를 제대로 느끼지 못하며, 시간이 지남에 따라 음료가 변질될 우려가 있기 때문에 되도록 샷을 뽑은 후 바로 드시길 권장합니다.

Questions
057

::

추출할 때 표면이 왜 꿀렁거리나요?

에스프레소를 추출해본 사람이라면 누구나 궁금해할 수 있는 부분이라 생각합니다. 원두에는 일정량의 이산화탄소가 존재하는데 이는 추출되는 에스프레소에 함께 포함되어 나옵니다. 이 이산화탄소가 외부로 나오는 순간 주변의 공기를 흡수하게 되면서 꿀렁거리는 듯 추출됩니다. 이는 정상적인 추출로써 신선한 커피라고 생각하면 됩니다.

단 꿀렁거리며 추출되더라도 숙성일, 사용량, 분쇄 입자, 로스팅 단계별 등에 따라 맛과 향이 차이 날 수 있다는 것을 명심하고 꼭 마셔보고 평가해야 합니다.

Questions
058

::

에스프레소 맛에 영향을 미치는 요인에는 무엇이 있나요?

| 원두의 신선도

티브이 광고에 나오는 갓 볶은 신선한 원두로 추출하면 '맛있다'라는 얘기가 무색하게 실제로는 에스프레소에서 좋은 맛을 기대하기는 힘듭니다. 로스팅이 진행되면 원두에서는 이산화탄소가 방출되는데 이 가스의 양이 많으면 추출 흐름을 방해하며, 추출된 에스프레소에 포함되어 마치 탄산수를 마셨을 때처럼 톡톡 쏘거나 자극적인 느낌을 줍니다. 따라서 숙성 기간을 거쳐 추출할 때 더 좋은 에스프레소 향미를 이끌어낼 수 있습니다.

로스팅 단계에 따라 다르지만 전광수커피하우스에서는 에스프레소 전용 블렌드 원두를 강볶음하고 있으며 4~6일 정도의 숙성 기간을 거친 후 추출하고 최대 일주일 내외로 소진합니다.

| 분쇄 입자

원두의 상태에 따라 적절한 입자를 찾을 줄 알아야 추출할 때 좋은 향미의 에스프레소를 기대할 수 있습니다. 일반적으로 필요 이상 가늘게 분쇄하면 추출 시간이 느려지고 맛은 날카롭게 느껴지며, 굵게 분쇄하면 추출 시간이 빨라지고 다소 밍밍한 맛이 날 수 있습니다. 따라서 분쇄 입자에 따라 맛이 크게 변한다는 것을 명심해야 합니다.

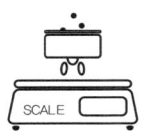

| **사용량**

포터필터에 최소량 이상의 원두를 담고 추출해야 정상적인 추출과 맛을 기대할 수 있습니다. 머신마다 포터필터에 담기는 양이 다르니 저울을 이용하여 확인하는 것을 권장합니다. 사용량의 편차로 인해 추출 시간이 빈번하게 바뀐다는 것을 명심해야 합니다.

| **바리스타**

바리스타는 에스프레소 추출 방법을 잘 알고 활용할 수 있어야 하며, 한 번의 맛있는 에스프레소를 추출하기보다는 몇 잔의 에스프레소를 뽑는다 해도 균일한 맛을 낼 줄 알아야 합니다. 그렇게 하기 위해서는 커피가 어떻게 생산되고, 어떤 맛이 나며, 어떤 특징을 가졌는지 등 커피에 관한 다양한 지식을 숙지하고 있어야 합니다.

Questions

059

::

아메리카노에 기름이 뜨는 이유는 무엇일까요?

에스프레소는 물에 녹는 수용성 물질과 물에 녹지 않고 기름에 녹는 지용성 물질이 공존해 있습니다. 이중 지용성 물질인 오일 성분은 물에 녹지 않기 때문에 에스프레소에 물을 희석해서 만드는 아메리카노 음료 위에 기름이 보입니다.

Questions

060

::

에스프레소를 얼음으로 얼려서 장시간 보관해도 괜찮은가요?

에스프레소 원액에는 물과 커피에서 녹아나온 고형 물질들이 함께 섞여 있습니다. 그러나 추출 후 시간이 지남에 따라 무거운 고형물질들은 밑바닥에 모이게 되는데 이것을 얼리면 농도가 낮은 물부터 얼면서 고형물질과 분리되기 시작합니다. 이는 얼었다 녹아도 물리적인 힘(흔들어주는 행위)을 가하지 않으면 쉽게 풀리지 않으므로 농도가 낮은 쪽(물)부터 마시게 되어 커피의 맛을 느끼기 힘듭니다. 또한 흔들어 마신다 하더라도 에스프레소 고유의 향미가 사라져 제대로 맛을 기대하기 어렵습니다.

Questions

061

::

마트에서 포장 판매하는 수입 원두는 유통기한이 대체로 긴 편인데 맛에는 영향이 없나요?

커피 포장 방법은 아로마밸브 포장, 진공 포장, 질소충전 포장 등 크게 세 가지로 분류합니다.

질소충전 포장
진공 포장
아로마밸브 포장

| **아로마밸브 포장**

가장 많이 쓰이는 포장 방법으로 용기 앞면에 밸브를 부착해 내부의 기체만 밖으로 빠져나가고 외부 기체는 안으로 들어갈 수 없게 하는 기능을 합니다. 밸브 내 산소가 1% 미만이면 3개월간 변질되지 않습니다. 보통 유통기한을 12개월로 표기하지만 실제 보존 기간은 더 짧습니다.

| **진공 포장**

분쇄된 커피를 금속제 용기에 진공 포장하는 방법으로 포장 방법 중 신선도를 보존하기 위해 가장 오랫동안 사용해온 방식입니다. 포장 후 산소 함량은 1% 미만인 것이 좋습니다.

| **질소충전 포장**

포장 용기 내 산소를 질소로 바꾸어 장기간 보존할 수 있게 하는 방법으로, 원두의 산화를 최대한 억제할 수 있다고 알려져 있으나 주로 알루미늄 캔을 사용하기 때문에 비용이 많이 든다는 단점이 있습니다. 주의할 점은 아무리 좋은 생두였다고 해도 로스팅을 한 순간부터 산패가 이뤄집니다. 그래서 유통기한이 길다고 하여 좋은 맛이 지속적으로 표현되지는 않습니다.

보관에 신경을 써서 최대한 공기와의 접촉을 피한다 해도 로스팅 날짜로부터 최대 10일 안에 소진하는 것을 권장합니다.

Questions

062

::

에스프레소를 추출하기 전에 왜 원두를 미리 분쇄해놓지 않나요?

에스프레소뿐만이 아니라 어떠한 기구를 사용해서 추출한다 해도 추출 전 미리 분쇄를 해놓으면 커피 향기가 많이 증발하게 됩니다. 또한 도저 내부에 원두가 담긴 상태에서 도징하면 원두가 왈칵 쏟아져나와 필요 이상으로 담길 수 있어 가능한 추출 바로 전에 원두를 분쇄하기를 권장합니다.

Questions
063

::

웨트 카푸치노와 드라이 카푸치노의 차이점은 뭔가요?

카푸치노는 거품의 품질에 따라 '웨트(Wet) 카푸치노' '드라이(Dry) 카푸치노' 두 종류로 나뉘게 됩니다.

웨트 거품의 카푸치노는 거품과 우유가 완전히 분리가 되지 않아 거품 속에 우유가 많고, 드라이 거품의 카푸치노는 거품과 우유가 완전히 분리된 상태로 거품량이 많습니다.
따라서 촉촉한 우유 거품이 섞인 카푸치노를 원한다면 웨트 카푸치노를 선택하고 풍성한 우유 거품을 원한다면 드라이 카푸치노를 선택하면 됩니다.

Questions

064

::

카페라테와 카푸치노의 차이점은 뭔가요?

| 카페라테

카페라테는 에스프레소에 우유를 섞어 만드는 음료입니다. 이때 소량의 우유 거품을 얹어 만들기 때문에 커피에서 부드러운 우유맛과 촉촉한 거품을 느낄 수 있습니다. (전광수커피는 1~2mm 정도의 거품을 지향합니다.)

| 카푸치노

카푸치노는 에스프레소에 우유와 우유 거품을 얹어 만드는데 라테보다 우유 양은 적게, 거품 양은 많게 올리는 것이 일반적입니다. 따라서 진한 커피맛과 부드러운 거품을 많이 느끼고 싶다면 라테보다는 카푸치노를 추천합니다. (전광수커피는 1cm 이상의 거품을 지향합니다.)

또한 바리스타들마다 지향하는 거품의 양이 다 다르기 때문에 카페라테, 카푸치노의 거품 양은 다소 차이가 날 수 있습니다.

Questions
065
::

카페오레와 카페라테의 차이는 무엇인가요?

카페오레(Café au lait)는 프랑스에서 에스프레소 머신이 나오기 전 프렌치프레스나 드립을 이용하여 추출한 커피에 우유를 첨가해서 아침에 마시던 음료입니다. 그래서 에스프레소를 이용한 카페라테보다는 좀더 부드럽습니다. 카페라테(Cafe latte)는 이탈리아에서 에스프레소 머신을 이용하여 추출한 에스프레소에 우유를 첨가한 메뉴입니다.

Questions
066

::

일반 우유와 저지방 우유의 차이는 무엇인가요?
라테나 카푸치노로 제조할 때 우유에 따라 맛에도 차이가 있나요?

| 일반 우유

일반 우유는 지방을 제거하지 않은 우유로 약 3~3.5%의 지방을 함유하고 있어 우유 고유의 단맛과 담백함이 느껴지며 이 우유로 카페라테를 제조하여 시음한 결과 커피와 우유 고유의 단맛이 잘 어울렸으며 저지방에 비해 묵직한 느낌을 받을 수 있습니다.

| 저지방 우유

저지방 우유는 지방을 줄인 우유로 약 2% 이하의 지방을 함유하고 있어 일반 우유에 비해 묵직한 느낌이 덜하며 커피와 우유 고유의 단맛이 어울리지 못하는 느낌을 받을 수 있습니다.

Questions
067

::

에스프레소 머신으로 스팀을 치지 않고 집에서 우유를 끓이면 안 되나요?

가능합니다. 가장 편히 우유를 데우는 방법은 전자레인지를 이용하는 것인데 육안으로 우유가 데워지는 과정을 볼 수가 없어 오래 데우다보면 우유 특유의 침전막이 형성될 수가 있습니다. 따라서 전자레인지보다 냄비나 주전자로 약한 불이나 중간 불에 올려놓고 데우는 방식을 선호합니다. 또한 시중에 라테 전용 거품을 만들 수 있는 기기들이 많이 나와 가정에서도 쉽게 우유를 이용한 커피 메뉴를 만들 수 있습니다.

Questions

068

::

커피 크림과 프림은 어떤 차이가 있나요?

우유의 지방 함량은 3.5% 내외인데 그것을 유지방 성분이 18% 이상 되도록 농축해 만든 것을 우유 크림이라 부릅니다. 식품업계에서 우유 크림을 흉내낸 커피 크림을 만들기 시작했고 그것을 '프림(상표명)'이라고 불러왔습니다.

우유 크림에는 유지방, 단백질, 유당이 함유되어 있는 반면, 커피 크림(프림)에는 유지방 대신 식물성 포화지방(팜유)을 사용하며 물에 잘 녹을 수 있도록 단백질 대신 카제인나트륨을 넣어 만듭니다.

Questions

069

::

추출에서 싱글 오리진 방식은 무엇인가요?

싱글 오리진 방식은 블렌드를 하지 않은 단종 커피(원두)로만 추출하는 방식을 의미합니다. 일반적인 에스프레소는 블렌드를 한 커피(원두)를 이용하여 균형감 있는 커피를 추출했다면, 싱글 오리진 방식의 커피는 보다 개성적인 커피가 추출된다고 볼 수 있습니다.

이때 로스팅 단계별에 따라 달라지는 원두의 크기와 무게 등을 고려하여 분쇄 입자나 사용량을 다르게 해야 합니다. 따라서 싱글 오리진 방식을 이용하는 매장에서는 볶음도마다 사용량과 분쇄 입자를 달리하여 추출해야 하기 때문에 그라인더가 많습니다.

Questions

070

::

버튼만 누르면 원두를 갈아서 추출까지 해주는 머신은 없나요?

있습니다. 그런 기계를 자동 머신이라 부르는데 현재 스타벅스도 반자동 에스프레소 머신에서 자동 머신으로 바꾸고 있습니다. 이 자동 머신은 추출 버튼을 누르면 원두가 분쇄되면서 추출까지 이뤄집니다. 장점으로는 편리성과 함께 커피맛의 균일함을 들 수 있으나, 단점으로는 원두가 머신 내부에 장착이 되어 내부 보일러 열에 의해 자칫 산패가 빨리 이루어질 수 있으며 보다 개성적인 커피를 표현하고자 원두를 교체해야 하는 상황에서는 적합하지 않으므로 불편함을 느낄 수 있습니다.

Questions

071

::

가정에서 쓰는 에스프레소 머신은 가격이 저렴한 편인데 업소용 머신과 많이 다른가요?

일반적으로 업소에서 사용하는 반자동 머신들은 가정용 에스프레소 머신과 기본적으로 차원이 다른 성능을 가지고 있습니다.
반자동 에스프레소 머신을 판단하는 주요 능력으로는 크게 에스프레소 추출 성능, 스팀 압력, 연속 추출의 안정성을 들 수 있는데 이는 가정용 머신과는 비교할 수 없을 만큼의 대용량 보일러를 장착하고 있기 때문에 여러 잔의 커피를 추출하고, 스팀을 사용하더라도 안정적으로 작동하게 됩니다.
최근에는 가정용 머신 중 최상급이라 불리는 머신들 가운데 상업용으로는 떨어지지만, 높은 성능의 대용량 보일러를 장착하여 추출 성능과 스팀 성능이 많이 발전된 건 사실입니다. 그러나 아직까지는 연속 추출의 안정성은 다소 부족하다고 볼 수 있습니다.

Questions

072

::

캡슐커피도 에스프레소인가요? 유통기한은 얼마나 되나요?

캡슐커피를 제조하는 회사마다 추출 권장량(평균 50ml 내외)은 다르지만 높은 압력으로 추출하는 방식을 사용하므로 에스프레소라고 볼 수 있습니다.

일반적으로 캡슐커피의 유통기한은 1년 정도로 긴 편입니다. 하지만 원산지에서 만들어진 캡슐커피가 국내에 오기까지 일반적으로 1~2개월이 걸린다는 점을 감안하고, 갓 분쇄한 것처럼 신선한 맛과 향을 즐기고자 한다면 제조일로부터 3개월이 지나지 않도록 먹을 만큼만 소량씩 구매해서 드시는 것이 좋겠습니다.

Questions

073

::

생두를 구매할 때는 무엇을 체크해야 하나요?

생두는 농산물의 한 종류이며 수확 후 일정 시간이 지나면 보관 환경의 영향을 받아 서서히 변하기 시작합니다. 따라서 생두의 유명세나 가격으로 판단하기보다는 생두 샘플링을 통해 꼼꼼히 체크해야 합니다.

| 생두 샘플링

필요한 생두의 품목을 정한 후 생두 수입판매회사의 리스트를 정리합니다. 로스터 자신이 필요한 생두의 등급을 정하여 주문하기 전 샘플을 받아서 샘플링을 합니다.

| 샘플링 체크사항

1. 생두의 품질을 체크해야 합니다.

   ☐ 생두의 컬러가 일정한가?
   ☐ 스크린사이즈가 등급에 맞는 일정한 사이즈로 구성되어 있는가?
   ☐ 생두의 수분 함량이 뉴 크롭 기준으로 10~13% 범위 내에 있는가?
   ☐ 생두의 향에서 신선한 풋 향과 매운 향을 느낄 수 있는가?
   ☐ 샘플 300g 기준으로 결점두는 어느 정도 있는가?

2. 샘플 생두를 약볶음으로 로스팅하여 커핑을 통해 맛과 향을 체크한 후, 로스터가 생각하는 단계에 맞게 로스팅합니다. 핸드드립 방식이나 에스프레소 머신 등 실제 사용할 추출 방법에 맞게 추출하여 맛과 향을 체크합니다.

참고로 국내 유통되는 생두는 대부분이 수입 판매되고 있습니다. 따라서 종류도 다양하고 등급도 다양합니다. 생두를 선택할 때는 고가의 생두, 유명세 생두, 스페셜티 커피만을 고집하기보다는 현재 자신에게 필요한 생두를 선택할 줄 아는 안목이 필요합니다. 이유는 간단합니다. 프리미엄 등급이나 커머셜 등급의 생두에도 훌륭한 커피가 많이 있기 때문입니다.

Questions
074

::

내추럴 생두와 워시드 생두는 어떻게 구분할 수 있나요?

가공법		내추럴	워시드
생두	전체 컬러	브라운, 옐로우	그린
	버본 센터컷	선 드라이 - 브라운옐로우 머신 드라이 - 라이트옐로우	선 드라이 - 라이트옐로우 머신 드라이 - 화이트옐로우
원두	약볶음, 중볶음		
	강볶음		

강볶음에서는 육안으로 구분이 어렵습니다.

Questions

075

::

로스팅 머신은 얼마나 자주 청소해야 하나요?

정해진 주기는 없습니다. 로스팅 머신을 얼마나 사용했느냐에 따라 다르기 때문입니다. 예를 들면, 매일 2~3시간씩 6개월 사용하였다면 청소를 해주어야 합니다. 하지만 이는 경험적인 결과에 불과하며 연통의 배기 상태에 따라 달라질 수 있습니다. 이보다 정확한 것은 로스팅 머신 연통의 막힘 정도에 따라 연기와 은피의 배출이 원활하지 않은 시점에 청소하면 됩니다. 이는 로스팅 머신의 용량과는 무관한 것입니다.

참고로 분리된 은피가 쌓이는 '사이클론'이라는 장치가 있는데 로스팅 머신에 따라 쿨링 판 밑부분에 위치한 일체형과 본체와 별도로 분리된 분리형이 있습니다. 이 부분은 로스팅을 마친 후 항상 진공청소기나 별도의 청소 도구를 이용해 깨끗이 청소해주어야 하며 사이클론 부분을 제때 청소해주지 않으면 화재의 주원인이 될 수 있음을 잊어서는 안 됩니다.

Questions
076

::

로스팅 머신 구입시 중요하게 생각해야 할 것은 무엇인가요?

자기만의 로스팅 머신을 구입하는 것은 로스터의 가장 큰 꿈이며 목표입니다. 그러므로 로스팅 머신을 구입하기 전에는 다양한 로스팅 머신을 경험해보는 것이 중요합니다. 다른 사람의 경험담은 결정할 때 참고일 뿐입니다. 절대적으로 자신이 경험해본 로스팅 머신을 선택하는 것이 중요합니다.

직화 방식, 반열풍 방식, 열풍 방식 머신 등 다양한 로스팅 머신을 경험해보고 본인이 추구하고자 하는 커피의 맛과 향 표현에 잘 맞는 머신을 선택하라는 뜻입니다. 위 3가지 방식의 로스팅 머신들은 수입 제품뿐만 아니라 국산 제품들도 다양하게 판매되고 있습니다.

| 판단 기준

로스팅 머신은 관리만 잘한다면 40~50년은 충분히 사용할 수 있기 때문에 처음 구입할 때 신중히 판단해야 합니다.

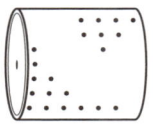
1. 드럼 형태와 재질

2. 화력의 세기

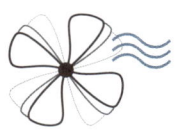
3. 쿨링 능력

4. 작동 편의성

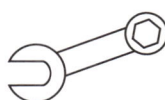
5. A/S,
부품 교체의 용이성

Questions
077

::

로스팅을 하던 중 평상시와는 다르게 은피의 배출이 안 되며
연기가 심하게 나는 경우는 어떤 이유 때문인가요?

우선 로스팅 머신의 배기관을 체크해야 합니다. 배기관이 막혀 있는 경우 드럼 내부의 열량 조절이 어려워질 뿐만 아니라 분리된 은피와 연기가 배출되지 않을 수 있습니다.
다음은 외부로 연결된 연통을 체크해야 합니다. 연통의 수평관의 막힘 정도를 체크하며 특히 연통이 꺾이는 부분을 위주로 살펴보아야 합니다.

1. 배기 모터 상태를 체크합니다.

2. 강제배기가 아닌 자연배기 방식이라면 수평연통의 길이가 3미터를 넘지 않는 게 좋으며 설치할 때 연통의 꺾임이 3번 이상이 되지 않도록 주의해야 합니다. 또한 외부 수평연통의 길이는 7미터를 넘지 않도록 합니다. 부득이 건물 특성상 이를 초과하는 경우에는 별도의 강제배기를 할 수 있는 장치를 설치해야 원활한 로스팅을 할 수 있습니다.

3. 로스팅 머신을 1층에서 고층으로 옮긴 경우나 외부 날씨가 저기압인 경우에도 나타날 수 있는 현상이니 참고하길 바랍니다.

Questions
078

::

로스팅할 때 댐퍼를 꼭 사용해야 하나요?

대부분의 상업용 로스팅 머신에는 블로워(송풍기)라는 팬이 장착되어 있습니다. 이 송풍기에 의해 로스팅 머신 내부에는 공기의 흐름이 자연스럽게 발생하게 되는데, 공기의 흐름이 드럼 내부에서는 대류열로 사용되기도 하고, 한편으론 공기의 흐름을 이용하여 드럼에서 배출된 원두를 냉각판에서 냉각시키기도 합니다.

로스팅에서의 댐퍼는 송풍기에 의한 자연스러운 공기의 흐름이 드럼 내부에서 조절될 수 있도록 제어하는 장치입니다. 물론 모든 로스팅 머신에 댐퍼가 장착되어 있지는 않습니다. 프로밧이나 기센과 같은 기계는 댐퍼가 따로 없이 송풍기에 의한 자연스런 공기의 흐름을 이용하여 로스팅하는 머신이고, 후지로얄이나 태환, 디드릭, 조퍼와 같은 기계는 공기의 흐름을 수동으로 제어할 수 있는 댐퍼가 장착된 로스팅 머신입니다.

댐퍼는 로스팅시 공기의 흐름을 수동으로 조절하여, 로스팅 과정 중 생두 상태에 따라 적절한 열원을 이용하여 고르게 흡열시키고자 하는 의도가 깔린 로스터의 스킬이라고 볼 수 있습니다.

그렇게 때문에 댐퍼를 꼭 사용해야 하는 것은 아닙니다.

Questions

079

::

로스팅시 1차 크랙의 파열음이 잘 들리지 않는 이유는 무엇일까요?

로스팅 과정은 생두의 흡열과 발열의 조합이라고 볼 수 있습니다. 생두가 뜨겁게 달궈진 드럼 안으로 투입되면서 전도열, 복사열, 대류열에 의해 생두가 지니고 있는 수분을 이용하여 열을 생두조직 곳곳으로 이동시키고, 그 열에 의해 생두가 지닌 성분들이 때맞춰 분해를 일으킵니다.

그 다양한 성분들이 분해되면서 생두의 색이 변하고, 향이 변하고, 부피가 변하고, 무게가 변하고, 파열음이 들리는 발열 현상들이 나타나게 됩니다. 그러면서 진행되는 로스팅 과정을 우리는 시각, 후각, 청각 등을 동원하여 파악할 수 있는데, 로스팅을 하는 많은 사람들은 그중에서도 청각으로 판단할 수 있는 파열음을 핵심으로 체크하기도 합니다.

그렇다면 파열음은 왜 나는 걸까요?

생두는 가공 과정을 거쳐 수분 함량이 12~13%가 됩니다. 이 생두의 수분은 로스팅시 수분의 증발을 거쳐 많게는 2~3%, 적게는 1~2%로 수분 함량이 낮아지는데, 남아 있는 이 수분 함량은 생두의 종류, 로스팅 종료 단계나 로스팅 시간에 의해 크게 좌우됩니다.

생두의 수분 감소는 로스팅을 시작하자마자 일어납니다.

생두의 온도가 100도에 도달할 때까지는 생두 표면에서 수분이 증발하고 그러면서 드럼 안 뜨거운 공기의 흐름에 따라 생두 표면의 수분이 감소하고, 생두의 내부에서는 수분 평형에 의해 생두 내부의 수분을 생두의 표면으로 이동시키면서 전체적인 생두의 수분이 조금씩 감소하게 됩니다. 그다음으로 생두의 온도가 100도를 넘어가게 되면 수분은 기화하게 됩니다. 이때 생기는 증기는 생두 세포 내부의 표면에 압력을 미칠 뿐만 아니라, 남아 있는 수분에도 똑같이 압력을 미쳐 생두조직 내의 증기 압력은 더욱 상승하고, 그러면서 생두의 부피 팽창이 일어납니다. 그때 조직이 팽창할 때 나는 소리, 즉 파열음이 들리게 되는 겁니다.

1차 크랙시 파열음이 잘 들리지 않는 경우는 주로 수분 함량이 낮은 패스트 크롭 또는 올드 크롭을 가지고 로스팅했을 때, 또는 조밀도가 약한 생두를 가지고 로스팅했을 때이거나, 수분이 적절히 기화되지 않아 부피 팽창이 잘 일어나지 않았을 때입니다.

Questions
080

::

로스팅 후 원두를 보고 결과물을 판단할 수 있는 기준은 무엇인가요?

1. 로스팅 정도에 따라 원두가 전체적으로 균일하게 볶였는지 먼저 체크합니다.
2. 볶은 후의 원두와 볶기 전의 생두를 같이 두고 평가해야 합니다.

| 원두의 색상 체크

원두의 내부와 외부의 조직의 색이 동일해야 합니다.

원두 내외부 색이 다른 것　　　　　　색이 동일한 것

| 원두의 형체 체크

원두의 내부와 외부의 조직이 선명하게 잘 분리되어야 하고, 부피의 팽창이 잘 이루어져야 합니다. 또한 다공질의 조직들이 선명하게 나타나야 합니다.

원두조직 벌어짐이 안 좋은 것　　　원두조직 벌어짐이 좋은 것

| 원두의 향 체크

흡열이 잘 안 되었을 경우

비릿한 향, 풋 향, 매운 고추 향이 날 수 있습니다.

흡열이 너무 과하게 되었을 경우

자극적이고 매캐한 탄 향이 날 수 있습니다.

흡열이 적절히 고르게 되었을 경우

갈변 반응시 일어나는 견과류나 참기름 같은 고소한 향, 빵 굽는 듯한 구수한 향, 설탕을 캐러멜화할 때 나는 단 향이 날 수 있습니다.

| 원두의 무게 체크

로스팅하기 전의 생두 무게와 로스팅하고 난 후 원두 무게의 차이를 비교하여, 일정량의 무게 감소가 이루어졌는지 확인합니다.

| 로스팅 단계별 상태에 따른 판단 기준

로스팅 단계	생두 상태	원두의 색깔	주름의 정도
약볶음	수분 10% 이하, 조밀도 약한 생두	미디엄브라운	원두 표면에 실주름
약볶음	수분 10% 이상, 조밀도 강한 생두	라이트브라운	원두 표면에 깊은 주름
중볶음	수분 10% 이하, 조밀도 약한 생두	레드브라운	주름 완전 펴짐
중볶음	수분 10% 이상, 조밀도 강한 생두	미디엄브라운	원두 표면에 실주름
강볶음	수분 10% 이하, 조밀도 약한 생두	다크브라운	원두 표면에 오일 완전 덮음
강볶음	수분 10% 이상, 조밀도 강한 생두	미디엄브라운	원두 표면에 오일 완전 덮음

Questions

081

::

강제배기와 자연배기의 차이점은 무엇인가요?

소형 로스팅 머신(12kg 미만) 중 일본에서 만든 로스팅 머신은 옵션사항으로 강제배기 시스템을 설치할 수 있고, 최근에 출시된 외국 로스팅 머신들 중 강제배기 시스템이 적용되어 수입 판매되고 있는 제품들도 있습니다. 그러나 일반적인 소형 로스팅 머신은 자연배기 시스템을 이용한다고 생각하면 됩니다.

강제배기의 시스템을 사용하는 목적은 크게 두 가지로 나뉩니다.

| 배기관 설치시 수평관의 길이가 3미터를 넘는 경우, 수직관이 7미터를 넘는 경우

로스팅 머신이 배기할 수 있는 능력이 떨어지기 때문에 강제배기 시스템을 설치해야 합니다.

| 커피의 맛과 향을 좀더 세심하게 표현하기를 원할 경우

강제배기 시스템을 별도로 설치합니다. 특히 댐퍼의 기능이 중요한 로스팅 머신이라면 설치하는 것이 좋습니다. 댐퍼가 달린 일본 로스팅 머신을 사용해보면 외부 날씨와 환경에 영향을 많이 받는다는 것을 알 수 있습니다. 예를 들면 연통의 배기 상태가 정상이라면 고기압 날씨와 저기압 날씨 때 로스팅 느낌이 다릅니다. 특히 댐퍼의 열고 닫는 움직임이 다릅니다. 따라서 저기압 날씨에서 로스팅을 할 경우 고기압 날씨 때보다 한 단계 이상 열어 주어야 같은 느낌으로 로스팅이 진행되고 같은 결과물을 얻을 수 있습니다.

자연배기와 강제배기는 댐퍼의 기능과 밀접한 관계를 가지고 있다고 볼 수 있습니다. 그러므로 자연배기 로스팅 머신보다는 강제배기 로스팅 머신이 커피의 맛과 향을 디테일하고도 안정적으로 표현하기 쉽습니다. 외부 날씨에 크게 영향을 받지 않기 때문입니다.

강제배기   자연배기

Questions

082

::

반열풍식 로스팅 머신과 직화식 로스팅 머신을 모두 사용하고 있는데, 머신마다 생두의 변화가 일어나는 온도가 다릅니다. 그 이유는 무엇일까요?

현재 시중에 판매되고 있는 로스팅 머신은 여러 형태가 있습니다. 가장 일반적인 것이 자동으로 회전하는 드럼의 형태로 상업용 로스팅 머신들이 대부분 이런 형태입니다. 또한 드럼에 수많은 작은 구멍이 뚫려 있는 드럼도 있고, 드럼의 뒷면에만 구멍이 많이 뚫려 있는 드럼도 있고, 드럼의 앞뒤로 큰 창의 형태로 구멍이 뚫려 있는 경우도 있으며, 드럼이 회전하는 형태가 아닌 상업용 로스팅 머신도 선보이고 있습니다.

우리는 이런 로스팅 머신들의 형태를 구분해 직화식, 반열풍식, 열풍식이라는 용어를 사용하기도 하지만, 좀더 구체적으로 설명하자면 생두에 열을 전달하는 열원을 어떤 방식으로 활용하느냐에 따라 구분하기도 합니다.

로스팅 머신은 기본적으로 세 가지 열원으로 생두에 열을 전달합니다.

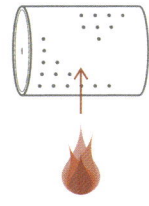

| 직화식

드럼 전체에 수많은 구멍이 뚫려 있는 드럼의 형태로, 버너의 화력이 직접 생두 표면에 열을 전달하거나, 뜨겁게 달구어진 드럼에 생두의 표면이 닿아서 열이 전달되는 전도열을 주로 활용합니다. 생두의 열량 조절이 주로 화력에 의해 주도됩니다.

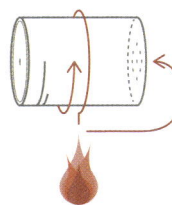

| 반열풍식

드럼 전체는 막혀 있고 드럼의 뒷면이나 앞면에 공기의 이동이 잘 일어날 수 있도록 구멍이 뚫려 있는 형태입니다. 드럼에서의 전도열, 복사열, 그리고 드럼 내부에 열풍의 빠른 순환이 일어나면서 형성되는 대류열까지 복합적인 열원을 활용합니다. 따라서 생두가 필요로 하는 열량의 조절이 화력과 열풍의 이동 속도(배기의 강도)에 의해 주도되면서, 직화식에 비해 생두의 내부에 좀 더 안정적인 열량 공급을 할 수 있습니다.

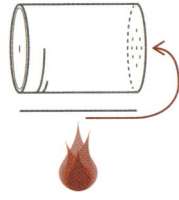

| **열풍식**

회전하는 드럼이나 고정되어 있는 실린더를 가열할 때 버너를 이용하여 직접 가열하는 것이 아니라 빠르게 움직이는 뜨거운 공기의 흐름이 생두 사이에 밀려들어 생두를 드럼이나 실린더 내부에 띄워서 로스팅하는 대류열을 주로 활용합니다.

전도열 뜨거운 표면에 생두가 직접 닿아서 열을 받는 경우.
복사열 뜨거운 표면이나 열원의 주변에 생겨나온 열기에 생두가 휩싸이면서 열을 받는 경우.
대류열 빠르게 움직이는 열풍(뜨거워진 공기)에 의해 열을 받는 경우.

활용하는 열원이 다르다보니 로스팅 머신에 설치된 온도 확인창에 나타나는 온도도 조금씩 차이가 납니다. 온도계가 어느 부분에 꽂혀 있느냐에 따라 드럼이 가열된 정도의 전도열이나 복사열의 온도를 나타내기도 하고, 뜨거운 공기가 이동하는 대류열의 온도를 나타내기도 합니다.
일반적으로 열풍의 온도는 드럼의 온도보다 20~30도 정도 높게 측정되며, 공기의 흐름을 제어하는 장치인 댐퍼의 조절에 민감하게 반응하게 됩니다. 뜨거운 공기의 흐름을 체크하기 위해 설치된 에어온도 확인창을 보면, 댐퍼를 닫았을 때 온도가 천천히 올라가고 반대로 댐퍼를 열면 뜨거운 공기의 흐름이 빨라지면서 온도도 가파르게 올라갑니다.

반열풍식, 열풍식 로스팅 머신을 사용하는 경우 전도열, 복사열, 대류열을 이용하여 로스팅이 이루어지므로 공기 온도의 변화를 체크해야 합니다. 따라서 드럼 온도와 공기 온도 모두를 체크하고 비교할 필요가 있습니다. 반면 직화식 로스팅 머신은 주로 드럼 내부의 온도를 온도 확인창에 나타냅니다. 공급하는 화력이 드럼 내부에 직접적인 영향을 주는 온도로 로스팅시 화력과 온도를 판단할 때 기준으로 사용합니다. 드럼 내부의 온도가 복사열 정도를 의미하므로 공기 온도보다도 드럼 내부 온도를 로스팅 기준으로 정하면 됩니다.

Questions
083

::

생두 투입량에 따라서 어떤 조건들을 변화시켜야 하나요?

일반적으로 가장 안정적인 로스팅을 위한 생두 투입량은 로스팅 머신 드럼 용량의 80%입니다. 하지만 현실적으로 항상 생두를 드럼 용량의 80%만 사용할 수 없기 때문에 투입량의 변화에 따른 여러 가지 변수 조건들이 생기게 됩니다.

투입량에 따라 투입 온도, 중점의 온도, 화력 세기 등의 변수들이 생기고, 이러한 여러 가지 변수 설정의 기준은 로스팅 프로파일이 될 것입니다.

로스팅 프로파일은 로스팅 과정중 변화되는 로스팅 시간과 드럼 안의 온도 변화의 추이를 기록으로 남긴 것입니다.

생두가 지니고 있는 여러 가지 성분들의 분해 온도는 일정하게 나타나는 편입니다. 때문에 그 열분해되는 온도까지 어느 정도의 시간을 소요시켜 로스팅하느냐에 따라서 열량을 조절하는 화력의 세기가 달라지게 되거나, 댐퍼의 개폐 여부도 달라지게 됩니다. 샘플 로스팅시 가장 선호하는 향미의 로스팅 프로파일이 완성되었다면, 생두의 양이 달라진다 해도 로스팅 프로파일의 흐름에는 큰 변화가 없어야 합니다.

예를 들어, 생두를 많이 투입했을 때가 적게 투입했을 때보다 '①투입 온도가 더 높다, ②중점은 더 낮아진다, ③더 센 화력을 사용한다'라는 기본 변수를 활용하여, 생두의 투입량에 관계없이 기본적으로 초당 또는 분당 드럼 안의 온도가 일정하게 상승하게끔 만들어주어야 합니다.

그렇게 하다보면 투입 온도는 얼마나 더 높게 설정해야 하는지, 중점은 얼마나 더 낮아지게 되는지, 화력은 얼마나 더 세야 하는지에 대한 수치가 몇 번의 시행착오를 겪으면서 확정될 것입니다.

Questions

084

::

내추럴, 워시드 등 가공법에 따라 생두의 수분 함량이 차이가 난다면
로스팅시 변화되는 조건들은 무엇일까요?

로스팅시 사용하는 생두에 적절한 흡열을 일으키기 위해 고려해야 할 점은 생두의 수분 함량과 조밀도입니다.

생두의 수분 함량은 가공법에 의해서만 결정된다고 볼 수 없습니다. 1차적으로 원산지에서 활용하는 가공법과 정해놓은 수치에 따라 생두의 수분 함량에 차이가 날 수 있습니다.

그 이후에도 포장, 유통, 보관 과정에서도 수분 함량의 차이는 날 수 있을 것입니다. 때문에 훌륭한 로스팅 결과물을 위해서는 로스팅 직전 사용할 생두의 수분을 체크해봐야 합니다.

일반적으로 내추럴 생두보다는 워시드 생두가 수분이 많은 편이고 특히 선 드라이 방식으로 건조한 생두는 머신 드라이 방식보다 수분 함량의 편차가 심한 편입니다. 생두의 수분 함량의 차이가 많이 날수록 화력 조절과 댐퍼 조절에 신경을 써야 합니다.

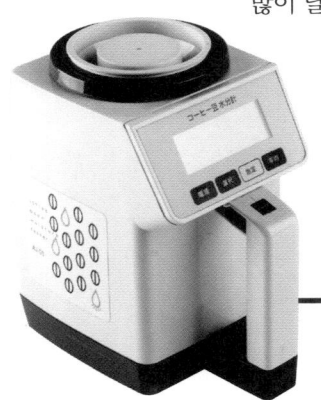

생두의 수분 함량이 다를 경우 로스팅시 변수 조건에 대해 알아보겠습니다.

| 화력 조절의 차이

수분 함량이 높은 생두가 수분 함량이 낮은 생두보다 더 많은 열량을 필요로 합니다. 때문에 수분 함량이 높은 생두를 로스팅할 때 더 센 화력을 사용합니다.

내추럴 가공 생두

워시드 가공 생두에 비해 수분 함량이 적어 화력 조절에 차이를 두어야 합니다. 같은 투입량이라면 투입 온도는 동일하게 주어도 됩니다. 생두가 투입된 이후 옐로우 시점에 도달하면 워시드 생두 때의 화력보다는 한 단계 낮추어 공급하면서 은피의 분리 상태와 원두 표면에 주름의 깊이 정도를 파악하여 화력을 조절하고 로스팅을 진행하면 됩니다.

워시드 가공 생두

투입 온도는 동일하며 옐로우 단계에서 내추럴 생두 때의 화력보다 한 단계 높게 설정합니다. 내추럴 생두에 비해 은피의 분리가 적고 원두 표면에 주름의 정도는 조금 깊게 보일 수 있지만 1차 크랙 이후 비슷한 상태를 보이므로 댐퍼 조절 때와 달리 민감하게 반응하거나 체크하지 않아도 됩니다.

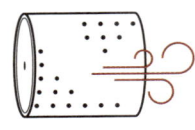

| 댐퍼 조절의 차이 : 댐퍼가 있는 머신일 경우

수분이 많은 생두

생두 투입 후 즉시 댐퍼를 닫은 상태로 진행하며 생두의 컬러가 라이트그린 또는 화이트로 변하면 댐퍼를 열어주어야 합니다. 댐퍼는 은피 분리 정도에 따라 완전히 개방하거나 조금 개방할 수 있습니다(풋 향과 비릿한 향 배출 목적). 이 과정이 지나면 댐퍼의 개폐를 반복하면 되는데 이때 중요한 것은 댐퍼를 개방할 때 수분이 적은 생두보다 많이 열어주어야 합니다.

수분이 적은 생두

생두 투입 후 생두의 컬러가 옐로우 시점 때까지 댐퍼를 닫은 상태로 진행한 다음 그 이후 개방합니다. 은피 분리의 양에 따라 댐퍼 개방 정도를 정하면 됩니다.

| 로스팅 시간 조절 : 동일한 원산지 생두이고 수분 함량에 차이가 있는 경우

동일한 화력을 줄 경우

전체 로스팅 시간에 차이가 발생합니다. 즉 수분 함량이 많은 생두는 로스팅 시간이 길어지고 맛과 향에 차이가 발생합니다. 수분 함량에 맞추어 화력 차이를 주어 로스팅 시간을 동일하게 맞추면 맛과 향의 차이를 줄일 수 있습니다.

수분 함량에 따른 열에너지 변수

로스팅시 화력을 조절하는 이유는 사용하는 생두가 필요로 하는 열량을 발생시키면서 생두 표면에서부터 내부까지 고르게 열을 전달하기 위함입니다.

생두가 필요로 하는 총 열량(열에너지)은 사용하는 생두의 양, 생두의 수분 함량, 커피 품종(조밀도), 발현하고자 하는 로스팅 포인트에 따라 크게 달라질 것입니다. 때문에 로스팅을 시작하기 전 사용할 생두의 상태를 충분히 파악해야 합니다.

생두가 어느 정도의 수분을 지니고 있는지, 생두가 딱딱한지 무른지, 발현하고자 하는 향미는 어떤지에 맞게 로스팅 포인트나 로스팅 시간을 설정하고, 그에 필요한 열량을 발생시키기 위한 화력 조절의 범위나 화력 조절 포인트를 계획해야 합니다.

그러고 나서 여러 차례 로스팅해보며 시간의 경과에 따른 온도 상승 변화 프로파일을 기록하고, 그 기록을 토대로 결과물들을 비교·분석해본다면 생두가 필요로 하는 총 열량을 발생시키는 화력 조절의 기준을 마련할 수 있을 것입니다.

특히 생두가 필요로 하는 열량에 가장 큰 변수는 생두의 수분 함량입니다.

로스팅시 필요로 하는 열량은 대략 생두의 수분 증발을 위한 열량, 잔존 수분을 가열하는 데 필요한 열량, 생두가 지니고 있는 여러 성분들을 열분해시키는 데 필요한 열량인데, 이중에 생두가 지닌 수분을 증발시키는 데 가장 많은 열량이 사용됩니다. 따라서 수분 함량이 높은 생두가 낮은 생두에 비해 더 많은 열량을 필요로 하게 됩니다.

Questions

085

::

드럼의 확인창이나 확인봉을 통해 로스팅 과정을 체크하다보면, 어떤 경우에는 은피의 분리 시점이 빨리 나타나면서도 양이 많고 또 어떤 경우에는 로스팅 내내 은피의 분리가 드문드문 이뤄지면서 양도 적습니다.
은피의 분리는 왜 일어나며, 은피의 분리 정도에 따라 커피의 향미가 달라질 수 있나요?

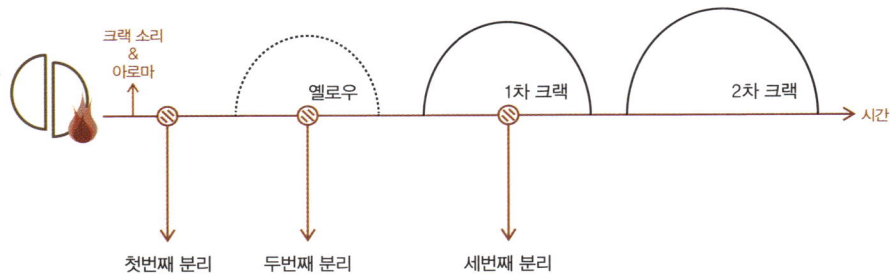

워시드　　내추럴

은피 또는 실버스킨이라고 불리는 얇은 껍질은 커피 열매 가장 안쪽에 있는 껍질로, 생두의 표면을 보호하는 막입니다.

은피는 생산지에서 대부분 가공 과정을 거치는 동안에도 생두 표면에 남아 있게 됩니다. 하지만 은피를 제거하는 폴리싱 과정이나 디카페인 가공 과정에서 대부분 제거되기 때문에 로스팅할 때 크게 신경쓰지 않아도 됩니다. 그러나 은피가 많이 붙어 있는 생두를 로스팅할 때, 은피의 분리가 원활히 이루어지지 않았을 경우 커피에서 탄맛, 텁텁한 맛, 떫은맛이 느껴질 수 있습니다.

또한 반열풍식 머신을 사용했을 경우가 직화식 머신을 사용했을 때보다 커피 향미가 훨씬 깨끗하게 표현됩니다. 직화식 머신은 분리되는 은피를 제때 드럼에서 외부로 이동시키지 못하고 얇은 은피가 쉽게 타 원두에 텁텁한 향미나 탄 향미를 배게 합니다. 때문에 로스팅할 때는 은피의 분리 시점을 잘 판단해서 제거해주어야 합니다.

은피는 수분 때문에 생두 표면에 붙어 있습니다. 하지만 생두 표면에서 수분이 증발하거나 기화하여 다공질인 생두조직이 팽창하면서 떨어져나오게 됩니다. 수분의 변화가 한번에 이루어지는 것이 아니라 지속적으로 감소하기 때문에 은피의 분리 단계를 체크해보면, 대략 세 번 정도의 분리 시점을 보입니다.

| **첫번째 분리** : 생두 투입 후 약 4~5분 전후

  컬러 라이트그린 또는 화이트그린
  향 풋 향과 비릿한 향
  수분 함량이 적은 생두부터 은피가 분리되기 시작합니다.

| **두번째 분리** : 생두 투입 후 약 6~7분 전후

  컬러 라이트옐로우 또는 라이트브라운
  향 단 향이 나오기 시작하여 줄어드는 시점까지

| **세번째 분리** : 생두 투입 후 약 8~10분 전후

  컬러 미디엄브라운
  향 신 향이 나오기 시작하여 줄어드는 시점까지
  수분 함량이 높은 생두의 은피가 분리되기 시작합니다.

따라서 로스팅을 시작하기 전에는 꼭 사용할 생두의 수분 함량과 조밀도를 평가 후 생두가 필요로 하는 열량을 흡수시켜야 은피의 분리가 원할할 것이며, 그때마다 은피를 드럼 외부로 재빨리 배출시켜주면 됩니다.

조밀도가 약한 생두가 조밀도 강한 생두보다 은피의 분리가 더 빨리 일어나며, 수분 함량이 낮은 생두가 수분 함량이 높은 생두보다 은피의 분리가 더 빨리 일어납니다. 같은 원리로, 내추럴 가공을 거친 생두가 워시드 가공을 거친 생두보다 은피의 분리가 더 빨리 일어납니다.

Questions
086

::

**로스팅 후 원두를 체크해보면 어떤 경우에
은피가 유달리 많이 붙어 있는 원두 결과물을 보게 되는데 무엇 때문인가요?**

생두 표면에 붙어 있는 은피는 로스팅시 얼마큼의 수분이 감소했는가, 또는 그로 인한 증기와 가스 형성으로 생두의 부피가 얼마나 팽창했는가에 따라 탈피 정도가 다를 수 있습니다.

은피가 많이 붙어 있다면 수분이 충분히 감소하지 않았고 증기와 가스가 충분히 형성되지 않아 부피가 팽창하지 않은 경우입니다. 로스팅시 생두를 투입한 후 옐로우 단계가 일어나기 전까지는 생두의 표면과 내부에 적절한 수분 감소가 있어야 합니다. 그래야만 옐로우 단계에서 화력을 조절하여 열의 흡수를 최대로 이끌어낼 수 있으며 다음 단계인 발열 과정에서 부피 팽창과 그에 따른 은피 분리를 제대로 이끌어낼 수 있습니다.

이와 별도로 체리나 파치먼트를 건조하는 과정에서 산지의 건조한 환경이나 일조량이 부족한 경우, 생두 표면에 은피의 밀착이 강해질 수 있습니다. 선 드라이의 경우 한두 시간마다 골고루 뒤집어주지 않거나 일조량이 부족하여 건조 기간이 오래 걸린 경우 은피가 생두 표면에 더 밀착될 수 있습니다.

Questions

087

::

생두의 스크린사이즈가 다른 경우 로스팅할 때 주의할 점은?

생두의 등급을 나누는 기준이 커피 산지마다 다릅니다. 스크린 사이즈로 등급 기준을 정하는 국가인 경우에는 비교적 사이즈가 일정한 편이나, 재배 고도에 따라 등급을 나눈 생두인 경우에는 스페셜 등급을 제외하곤 사이즈가 다른 경우가 일반적입니다. 스크린사이즈가 다른 생두를 로스팅할 때는 전달하는 열원이 각각의 생두에 일정하게 전달되어야만 생두의 사이즈와 무관하게 골고루 로스팅된 결과물을 얻을 수 있습니다. 그 밖에도 몇 가지를 주의하여 로스팅을 진행하면 됩니다.

| **로스팅 방식과 열원**

직화 방식보다는 반열풍 방식, 열풍 방식이 유리하며 열원은 전달 방식에 따라 복사열, 전도열, 대류열로 나뉩니다. 대류열의 비중이 크면 클수록 스크린사이즈가 다른 생두를 로스팅할 때 좋은 결과물을 얻을 수 있으나 직화 방식을 사용한다면 평상시보다 댐퍼를 많이 열어주면서 로스팅을 진행해야 합니다. 즉 대류열의 비중을 높이는 방법입니다.

| **투입 온도 설정**

기준 투입 온도보다 5도 정도 낮은 온도에서 투입합니다.

| **댐퍼 조절**

흡열반응이 진행되는 초기 과정에선 댐퍼를 평상시보다 더 닫은 상태로 진행하고 발열반응이 시작되는 1차 크랙 시점부터는 댐퍼를 평상시보다 더 열고 진행하면 됩니다.

Questions
088

::

산지에서 수확한 지 얼마 지나지 않은 생두를 로스팅할 때 유독 컬러가 브라운 계열이 아니라 주홍색 계열인 것은 무엇 때문일까요? 생두의 수분 함량과 수분의 증발 정도에 따라서 원두의 색상이 달라지기도 하나요?

생두의 수분 함량에 따라 로스팅된 원두의 색상이 다를 수 있습니다. 수분 함량이 높은 뉴 크롭은 수분 함량이 낮은 패스트 크롭이나 올드 크롭보다 원두의 색상이 훨씬 밝고, 레드브라운에 가까운 색상을 띱니다.

반면 수분 함량이 적은 생두를 이용하여 로스팅할 경우 어둡고 칙칙하며, 덜 익은 듯한 색상을 띠기도 합니다. 물론 뉴 크롭이라 하더라도 화력과 댐퍼 조절의 실패로 1차 발열과 2차 발열의 시간차가 너무 크다면 생두의 수분이 많이 감소하여 레드브라운 계열의 밝은 색상 원두를 기대하기 어렵습니다.

생두가 지니고 있는 수분의 정도에 따라 같은 원산지의 생두라 하더라도 로스팅 과정중 컬러의 변화가 조금 달라질 수 있습니다. 특히 발열반응보다는 흡열반응 과정에서 차이점이 발견됩니다.
이는 로스팅 초기의 흡열반응시 드럼 내부에 있는 생두들이 공급되는 열량을 흡수하면서 수분을 배출하기 시작하는데, 같은 열량이 공급된다면 당연히 수분이 적은 생두부터 반응하므로 컬러 변화가 빠를 것입니다.

또한 배출되는 수분이 적어 원두 표면에 주름도 덜 생기게 됩니다. 생두의 수분 증발이 원활히 이루어지지 않는다면 로스팅 단계별로 변화하는 색깔들이 다소 어둡게 표현될 것이며 원두 표면이 건조한 느낌으로 나타날 것입니다.

따라서 로스팅 과정이란 흡열반응 시점에선 드럼 내부에 생두가 필요한 열량을 충분히 공급해야 하며 다음 단계인 발열반응에서는 적당히 화력을 줄여주어야 합니다.

Questions
089

::

추출시 유달리 거품이 많이 생기는 원두가 있습니다. 뜸 물을 주입하면 잘 부풀지가 않으며 빨려들어가는 듯하며 바로 빠져버리고요. 무엇이 잘못된 것일까요?

로스팅된 원두를 추출할 때 생기는 거품은 가스 중 이산화탄소입니다. 이산화탄소는 저온에서는 물에 잘 녹으나 고온에서는 거품으로 활성화됩니다. 추출시 거품이 많다는 것은 이산화탄소가 많이 형성되었다는 것이고, 이산화탄소의 형성이 많다는 것은 생두의 수분이 많이 증기화되었다는 것이며, 생두의 수분이 많이 증기화될수록 부피의 팽창이 많이 일어나고 세포의 파괴가 쉽게 일어날 수 있습니다. 그래서 추출시 잘 부풀지 않으며 빨려들어가는 듯 빠져버리는 현상이 나올 수 있습니다.

즉, 수분이 많은 뉴 크롭의 수분이 증기화되면서 부피 팽창이 너무 많이 일어나고 세포가 파괴되어 생긴 결과입니다. 따라서 증기화를 절제하기 위한 화력 조절이 필요합니다.

한편 수분이 적은 패스트 크롭이나 올드 크롭을 사용한 로스팅 시에도 위와 같은 물 빠짐 현상이 나타나지만, 거품이 심하게 나지는 않습니다. 오히려 굵거나 거친 거품이 올라오며 커피 표면이 조금 팽창했다가 푹 꺼져버리는 현상이 보이기도 합니다.

패스트 크롭이나 올드 크롭은 생두 자체에 수분이 적기 때문에 로스팅시 수분의 증기화가 적고 그에 따라 가스도 적게 생성되기 때문에 위와 같은 현상이 나타나게 됩니다.

그럴 경우 스윙을 이용한 나선형 물 주입 방법으로 뜸 들이기가 어렵다면 소량 물 주입을 점형 물 주입으로 바꾸어보거나 인퓨전, 활성화, 확산이라는 과정을 지속적으로 활용하는 핸드드립 추출 방법이 아닌, 다른 도구들을 이용한 추출 방법을 사용하는 편이 향미 표현에 더 적합해 보입니다.

결과적으로 로스팅할 때 생두가 가지고 있는 수분을 얼마나 잘 감소시키고 증기화시켜 적당한 부피 팽창을 이루어내는 화력 조절을 할 수 있는가가 관건일 것입니다.

인퓨전 커피 가루에 물이 흡수되는 단계

활성화 원두조직 속에 들어 있던 이산화탄소가 뜨거운 물과 만나 거품으로 나오는 단계

확산 물이 흡수되면서 용해된 커피 성분이 다음으로 주입된 농도가 연한 물 쪽으로 이동하는 단계

Questions

090

::

더블 로스팅이란 무엇입니까?

로스팅 과정을 두 번 반복한다는 의미를 가지고 있습니다.

먼저 원하는 투입 온도에 도달하면 준비된 생두를 투입합니다. 이때 드럼 내부 온도가 200도가 되었을 때 생두를 투입한 후 고온 로스팅 방법으로 옐로우 시점까지 진행시킨 후 로스팅을 멈춥니다.

뜨거운 원두를 신속히 쿨링한 후 즉시 저온 로스팅 방법으로 진행하거나, 식은 원두를 1~2일 정도 보관한 후 저온 로스팅하는 것을 더블 로스팅(Double Roasting)이라고 부릅니다.

| 더블 로스팅이 필요한 생두

- 수분 함량이 높은 생두(11% 이상)
- 조밀도가 강한 생두를 약볶음으로 로스팅하는 경우
- 로스팅 결과물에서 풋 향과 비린맛이 나는 경우

| 볶음도

- 로스팅 정도는 약볶음에서 효과를 볼 수 있습니다.
- 중볶음 이상의 로스팅 정도에서는 아로마가 약해지고 쓴맛이 입안에 오랫동안 남는 나쁜 결과를 초래하기도 합니다.

| 방법

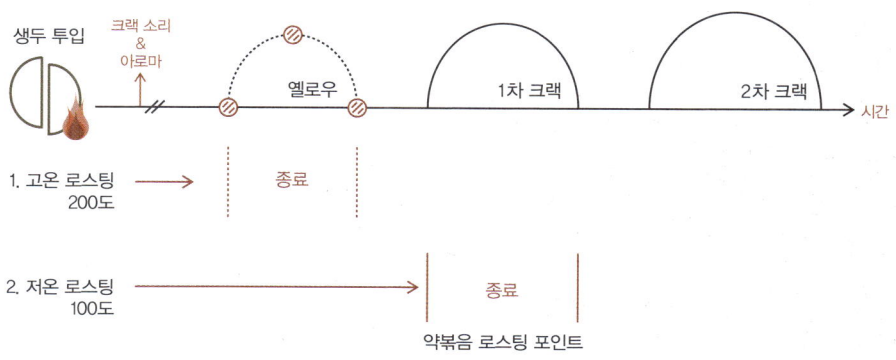

Questions
091

::

로스팅을 마친 원두의 색상이 얼룩덜룩합니다. 이유가 뭘까요?

원두의 색상이 균일하지 않은 이유는 다음과 같습니다.

| 생두의 수분 함량

생두의 수분 함량이 균일하지 않기 때문에 로스팅시 균일한 수분의 변화가 어려워 원두의 색상이 얼룩덜룩하게 나옵니다. 특히 워시드 가공 처리된 생두보다 내추럴 가공 처리된 생두를 사용할 때 원두의 색상 편차가 더욱 심합니다.

| 드럼의 회전

드럼의 회전이 잘 이루어지지 않았기 때문입니다. 드럼 안에서 생두의 교반이 잘 안 되면 흡열 정도가 다르기 때문에 원두의 색상이 얼룩덜룩할 수 있습니다. 상업용 전문 로스팅 머신을 사용할 때는 드문 경우겠지만, 수망을 이용하거나 용량이 적은 가정용 로스팅 머신을 사용할 때 원활한 교반이 이루어지지 않았다면 원두가 얼룩덜룩할 가능성이 큽니다. 때문에 수망 로스팅을 할 때는 생두가 고르게 열을 받을 수 있도록 손목의 스냅을 이용하여 수망을 이리저리 잘 돌려주어야 하며, 가정용 로스팅 머신을 사용할 때는 기준량 이상의 생두는 사용하지 않도록 주의를 기울일 필요가 있습니다.

Questions

092

::

예열된 로스팅 머신에 생두를 투입하면 드럼의 온도가 어느 정도 떨어지다가 멈춥니다. 그 온도가 일정하지 않을 때 로스팅을 진행해도 되나요? 아니면 생두 투입 후 떨어지다가 멈춘 드럼의 온도를 일정하게 맞춰놓고 로스팅을 진행해야 되나요?

뜨겁게 예열된 드럼에 차가운 생두를 투입하면 드럼의 온도가 빠르게 떨어지기 시작합니다. 그러다 어느 순간 드럼의 온도가 멈추고 잠시 후 다시 온도가 올라갑니다.

우리는 그 지점을 '중점(온도가 멈추는 지점)'과 '전환점(온도가 다시 상승하는 지점)'이라고 표현합니다. 중점까지 도달하는 데 걸리는 시간과 중점의 온도는 여러 가지 변수에 의해 달라질 수 있습니다.

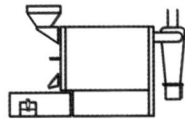

| 로스팅 머신에 따라

같은 온도에서 생두를 투입할 경우 반열풍식에 비해 직화식이 더 높은 온도의 중점을 나타냅니다.

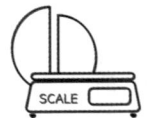

| 생두의 양에 따라

드럼 용량의 50% 이상의 생두를 사용했을 때에 비해 드럼 용량의 50% 이하의 생두 양을 사용했을 때가 더 높은 온도의 중점을 나타냅니다.

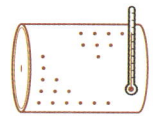

| 투입시 드럼 온도에 따라

같은 생두 양을 투입할 경우 투입 온도가 낮을 때에 비해 투입 온도가 높을 때 더 높은 중점을 나타냅니다.

| 투입 후 버너의 화력에 따라

같은 투입 온도에 생두를 드럼에 투입했더라도 중점까지 버너의 불을 끄거나 약한 화력을 사용했을 때보다 버너의 화력을 좀더 강하게 했을 때 더 높은 중점을 나타냅니다.

| 생두의 조밀도나 수분 함량에 따라

조밀도가 약하거나 수분 함량이 낮은 생두를 사용할 때보다 조밀도가 강하거나 수분 함량이 높은 생두를 사용했을 때 더 높은 중점을 나타냅니다.

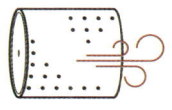

| 배기 상태에 따라

배기가 잘 될 때보다 배기가 잘 안 될 때 더 높은 중점을 나타냅니다.

| 로스팅하는 계절과 실내 온도에 따라

추운 겨울보다는 더운 여름에 중점이 더 높아질 수 있습니다.

이렇듯 중점을 달라지게 만드는 요인은 여러 가지가 있습니다. 중점 설정은 로스팅 스타일을 기준으로 판단합니다.

Questions
093

::

로스팅시 생두 투입 후 생두의 색상이 그린에서 옐로우로 변하면서 단 향이 나기 시작합니다. 사용하는 생두가 바뀌면 단 향이 나는 시간이나 드럼의 온도가 달라지기도 하는데, 구분하는 방법이 있나요?

로스팅에서 옐로우 단계는 생두를 처음 드럼에 투입했을 때 생두가 지니고 있던 수분이 어느 정도 감소되고, 표면에서부터 내부까지 열 전달이 차례로 이루어져 갈변화가 일어나기 시작하는 단계라고 볼 수 있습니다.

갈변화의 대표적인 반응에는 메일라드 반응과 캐러멜화가 있습니다. 이 두 반응에 의해 만들어진 캐러멜 산물들이나 멜라노이딘 산물들로 인해 원두와 커피 음료가 갈색을 나타냅니다.

캐러멜화의 전형적인 예는 과당에서 말톨(maltol)이 생성되는 것입니다. 말톨은 기분좋은 캐러멜 향을 내는 대표적인 화학물질이며, 물에 잘 녹는 수용성 물질입니다. 또한 메일라드 반응은 효소가 쓰이지 않는 갈변화 과정으로 환원당이 아미노산과 반응하는 것입니다. 메일라드 반응은 커피 로스팅시 색상과 향미 형성에 있어서 중요합니다. 대부분의 향미 물질은 메일라드 반응을 통해서 생성됩니다.

갈변이 시작되는 옐로우 단계는 생두의 품종, 생두의 가공 방식, 생두의 수분 함량에 따라 다른 시점에서 나타날 수 있습니다.

| 생두의 품종에 따라

티피카 종, 버본 종, 카투라 종 세 가지 대표적인 품종을 비교했을 때 뉴 크롭, 수분 함량 10%인 같은 조건의 생두인 경우 같은 드럼에 투입하여 볶아보면 옐로우로 변화되는 시점이 빠른 순서는 티피카 종 ▶ 버본 종 ▶ 카투라 종입니다. 조밀도가 강한 품종일수록 컬러의 변화가 늦습니다. 조밀도가 강한 품종인 경우 공급화력이 생두의 중심 부분까지 흡수되는 시간이 길어지기 때문입니다.

| 생두의 수분 함량에 따라

생두의 수분 함량이 적을수록 옐로우 시점이 빨라집니다. 드럼 내부에 투입된 생두는 곧바로 흡열반응을 시작하면서 자신이 가지고 있던 수분을 배출하는데, 수분 함량이 적을수록 배출 시간이 짧아져 옐로우 시점이 빨라집니다.

| 생두의 가공 방식에 따라

내추럴 가공 방식의 생두가 워시드 가공 방식의 생두보다 옐로우 시점이 더 빨리 나타나서 오래 지속되며 단 향도 더 강하게 나타납니다. 옐로우 시점의 단 향을 구분하는 가장 현명한 방법은 단 향의 시작 시점과 가장 강하게 나는 시점, 단 향이 줄어드는 시점을 후각을 통해 정확히 파악하는 것입니다. 라이트옐로우 시점은 단 향의 시작점이므로 확인봉을 통해 옐로우 시점으로 변화하는 과정에서 단 향의 종류와 강약을 집중하여 체크해야 합니다. 그리고 옐로우 시점은 단 향의 발산을 가장 강하게 느낄 수 있으며 이 시점을 지나면서 서서히 줄어듭니다.

Questions
094

::

로스팅한 원두를 막상 추출해서 마셔보면 예상과 다르게 탄맛과 탄 향이 나는 경우가 있습니다. 특히 더운 여름, 실내 온도가 높을 경우 배출된 원두를 냉각시킬 때 시간도 오래 걸리고 유독 더 탄맛과 탄 향이 심합니다. 로스팅 후 원두를 냉각시키는 시간이 원두의 향미에 영향을 주나요?

생두가 열을 흡수해 발열이 일어나는 드럼의 온도를 보면 대부분 200도 이상입니다. 꽤 고온에서 열분해가 일어나는 것입니다. 이렇게 뜨거운 원두를 드럼에서 배출해 로스팅을 마쳤다면 빠르게 뜨거워진 원두를 식혀주어야 합니다. 왜냐하면 배출된 원두는 드럼 안으로 가해지던 열에서 벗어나도 원두가 품고 있던 내부열로 인해 계속해서 로스팅이 진행되기 때문에, 원하는 지점에서 원두를 배출했다 하더라도 원하는 향미의 결과물을 기대할 수 없습니다. 드럼에서 배출된 원두를 실온에서 알아서 식도록 내버려둔다면 아로마와 향미를 잃은 저급한 맛이 날 것이며, 태우지 않았는데도 텁텁한 맛이 날 수 있습니다. 때문에 뜨거운 원두를 신속하고 효과적으로 식히는 냉각은 로스팅 과정 중 아주 중요한 단계입니다. 로스팅이 끝난 원두를 정확하고 빠르게 식혀야 좋은 풍미가 잘 살아나므로 가장 좋은 것은 로스팅이 끝난 후 2~3분 이내에 원두를 손으로 만질 수 있는 정도로 식히는 것입니다.

시중에 판매되고 있는 상업용 로스팅 머신들을 보면 원두를 드럼 밖으로 배출할 수 있는 냉각판이 부착되어 있으며, 이 냉각판으로 배출된 뜨거운 원두는 로스팅 머신 내부에 설치되어 있는 팬(송풍기)의 석션 기능을 통해 열기가 외부로 빨려나가면서 식습니다. 때문에 로스팅 머신을 구매할 때 팬의 성능도 고려해야 합니다.

또한 로스팅을 하는 장소의 실내 온도도 체크해보아야 합니다. 한여름의 냉각 시간과 한겨울의 냉각 시간을 비교해보면 한겨울에 좀더 냉각이 잘됨을 확인할 수 있습니다. 때문에 한여름에는 냉각에 특별히 더 신경써주어야 하며, 최대한 빠르게 식힐 수 있는 방법을 강구해야 합니다. 어떠한 경우에는 좀더 강력한 냉각을 위해 팬의 회전 속도를 더 강화시키면서 냉각용 팬과 드럼용 팬을 분리하기도 하며, 수십 킬로그램의 대용량을 로스팅하는 경우에는 물을 이용하여 신속히 냉각하기도 합니다.

물을 이용하여 냉각할 때 중요한 것은 로스팅이 끝나자마자 조금씩 신중하게 물을 사용해야 하는데, 뜨거운 원두에 물을 뿌렸을 때 거의 곧바로 증발될 양 이상의 물은 사용하지 말아야 한다는 것입니다. 식히는 동안 습기를 많이 머금은 원두는 하루이틀이면 순식간에 향미가 밋밋해져버리기 때문입니다.

Questions

095

∷

기존에 사용하던 로스팅 머신으로 평소 로스팅시 1차 발열을 8~9분 정도로 이끌어내는데, 로스팅 머신을 다른 제품으로 교체한 뒤 로스팅 시간이 6여 분 정도로 평소보다 너무 짧았습니다. 무엇이 잘못된 걸까요?

같은 로스팅 단계로 배출한다는 가정하에 살펴보겠습니다.

드럼 안의 온도 상승률이 빠르고 온도의 상승률이 빠른 것은 화력 조절 방법이 같았다는 전제 조건에서, 그 화력 조절에 의해 생성되는 열량을 생두가 다 흡열하지 못하고 드럼에 열량이 남아돈다는 얘기가 됩니다.

이럴 경우, 생두의 조밀도나 생두의 수분 함량이 다르다는 변수가 전제될 것입니다. 평소보다 조밀도가 약한 생두를 사용했거나 평소보다 수분 함량이 높은 생두를 사용했을 것입니다.

또한 위의 두 경우에 의해 투입 온도가 달라지고, 그에 따라 중점이 달라지고, 중점이 달라지면 초기 화력이 달라져야 할 텐데, 그에 대한 응용이 없었기 때문에 로스팅 시간이 많이 짧아진 것 같습니다.

Questions
096

::

원두 표면에 블리스터가 생기는 이유는 무엇인가요?

blister

블리스터는 원두 표면이 떨어져나가서
그 자리가 타버린 현상을 일컫습니다.
커피 향미에서 불필요한 탄맛과
탄 향이 표현됩니다.

| 화력 조절의 문제

드럼 내부의 생두가 흡열 단계보다는 발열 단계에서 두드러지게 반응합니다. 화력은 단계별로 천천히 올려주고 내려주어야 합니다. 특히 조밀도가 약한 생두일수록 민감하게 반응하므로 주의하여야 합니다.

1차 발열 종료 후 2차 발열 시작 시점의 시간이 길어지는 경우에 발생하는데 이는 드럼 내부의 원두가 필요한 열량을 충분히 공급받지 못했기 때문입니다. 다르게 표현하면 드럼 내부의 열 균형이 깨진 경우를 말합니다. 따라서 1차 발열 이후 2차 발열 이전의 시간을 체크하여 투입량에 맞는 화력을 올려주어야 합니다. 직화 방식을 사용할 경우엔 특히 주의하여야 합니다. 이때 올려주는 화력의 기준은 흡열반응 때 주었던 화력을 참고로 하면 됩니다.

| 생두의 문제

산지의 건조 불량이 원인일 수 있습니다. 머신 드라이 생두보다선 드라이 생두에서 더 많이 발생합니다. 생두의 수분 함량이 불균형할수록 발생하는 경우가 많습니다. 즉 생두 한 알을 기준으로 수분이 서로 다른 경우 수분이 적은 생두 부분이 떨어져나가는 현상이 발생합니다. 특히 조밀도가 낮은 생두보다 조밀도가 높은 생두에서 더 많이 발생합니다.

| 겨울철 생두가 얼어 있는 경우

기온이 낮은 곳에서 생두를 보관한 경우 생두의 수분이 어는데 이를 무시하고 평상시처럼 로스팅을 하면 원두의 겉면이 터지는 현상이 발생합니다. 특히 조밀도가 높은 생두에서 많이 발생합니다. 이와 같은 현상을 보완하기 위해선 얼어 있는 생두를 어느 정도 녹여 생두의 조직을 풀어준 다음 원하는 화력으로 올려 로스팅하면 됩니다. 이때 생두를 투입한 후 버너의 화력을 완전히 끈 상태로 투입량에 따라 2~3분 정도 드럼 내부의 여열만을 이용합니다.

Questions

097

::

향을 살리는 포인트에서 원두를 배출하자니 항상 맛의 여운이 부족한 듯한데, 이를 보완할 방법은 없나요?

로스팅 시간과 로스팅 단계는 향기 형성과 향미 발현에 많은 영향을 미치며, 그에 의해 커피라는 음료의 품질에 차이를 만듭니다.

로스터에 따라 로스팅하는 스타일이 다릅니다.

예를 들면, 어느 로스터는 강한 화력으로 짧은 시간 동안 로스팅하는 고온단시간 로스팅 프로파일을 활용할 수 있겠고, 어느 로스터는 약한 화력으로 긴 시간 동안 로스팅하는 저온장시간 로스팅 프로파일을 활용할 수도 있을 것입니다. 또는 배출 단계를 1차 발열 부근 단계로 설정할 수도 있고, 2차 발열 이후 단계로 설정할 수도 있습니다. 우리가 흔히 약볶음, 중볶음, 강볶음이라고 구분 짓는 것이 이 배출 단계를 나타내는 것입니다.

로스팅 배출 단계가 약볶음일 때보다 강볶음일 때가 보다 높은 농도의 추출, 보다 낮은 산미, 보다 높은 바디, 보다 쓴 성분이 강조되며, 원두의 수분 함량은 적습니다. 또한 로스팅 시간이 긴 경우보다 짧은 경우가 보다 추출 수율이 크게 늘어나며, 전체적인 신맛이 증가하고 원두의 수분 함량은 훨씬 많아집니다.

그렇기 때문에 많은 로스터들은 이런 부분들을 기반으로 향에 포인트를 두는 로스팅 배출 단계를 설정할지, 아니면 맛에 포인트를 두어 설정할지를 생두 평가를 통하여 어느 정도 계획을 잡습니다.

하지만 커피라는 음료의 특성상 향과 맛의 조화를 맞추어 내기가 쉽지만은 않습니다.

프래그랜스나 아로마 등 코를 통해 맡는 향이 무척 가볍고 밝다 하더라도 막상 커피를 마시면 입안에서 느껴지는 플레이버가 너무 시거나 쓸 확률이 높고, 반대로 입안에서의 플레이버나 맛의 여운에 포인트를 두면, 코로 맡는 아로마는 너무 자극적일 수 있습니다.

위 두 가지 경우의 단점을 보완하기 위해 전광수커피에서는 여열이라는 방법을 사용하고 있습니다.

약볶음을 할 때는 풍부한 향에 균형감 있는 슈가브라우닝 향미를 더하기 위해 1차 발열이 끝나갈 때쯤 화력을 완전히 끄고 30초 정도 더 진행시킨 후 배출하는 여열 방법을, 강볶음을 할 때는 자극적인 향과 쓴맛을 좀더 부드럽게 만들어주는 커피 오일을 풍부하게 유지하기 위해서 2차 발열 정점을 지나 원두 표면에 오일이 덮이면 화력을 완전히 끄고 30초 정도 더 진행시킨 후 배출하는 여열 방법을 사용하고 있습니다.

또한 이런 여열 방법의 스킬말고도 향미를 좀더 차별화시킬 수 있는 고온단시간 로스팅과 저온장시간 로스팅을 비교해보겠습니다.

| 고온단시간 로스팅

주로 반열풍, 열풍 방식 로스팅 머신에 맞는 방법으로 높은 투입 온도(195~205도)와 강한 화력을 사용하여 **빠른** 시간(약 15분 이내)에 원두 내부 조직까지 충분히 팽창시키는 방법입니다.

현재 가장 선호하는 방법 중 하나입니다.

장점 커피의 향이 강하게 표현되고, 원두 표면에 윤기가 나고, 색상이 밝습니다.

단점 잘못하면 풋 향과 비린맛이 날 수 있으며, 향의 보존 능력이 떨어지며, 원두조직을 태울 수 있으며, 약볶음의 경우 표면에 주름이 많이 생길 수 있습니다.

│ 저온장시간 로스팅

주로 직화 방식 로스팅 머신에 잘 어울리는 방법으로 고온단시간 로스팅과 반대 개념입니다. 낮은 투입 온도(100~110도)에 투입한 후 약한 화력으로(고온단시간 로스팅 대비 50% 정도) 천천히 볶아 줍니다. 수분이 많고 조밀도가 강한 뉴 크롭을 약볶음할 때 사용하면 좋은 결과물을 얻을 수 있을 것입니다.

장점 약볶음을 해도 풋 향과 비린맛이 없으며, 원두 표면에 주름이 적으며, 고온단시간 로스팅에 비교해서 향의 보존력이 좋습니다. 단점으로는 중볶음 이상으로 볶을 경우 향 손실이 많으며, 같은 볶음도라도 원두 전체 색상이 어둡습니다. 강볶음보다는 약볶음이 효과적입니다.

Questions
098

: :

디카페인 커피는 어떻게 로스팅하나요?

뜨거운 액체에 담갔다가 말리는 카페인 제거 과정을 거친 디카페인 생두를 로스팅할 때는 좀더 세심한 관찰이 필요합니다.
일단 생두의 색상부터 일반적인 생두와 같은 녹색 계열의 색상이 아니라 밤을 쪄서 말린 것과 같은 갈색을 띠고 있습니다. 따라서 생두의 변화를 시각적으로 판단하기에는 다소 무리가 있습니다. 때문에 로스팅중인 생두의 변화 단계를 체크할 때는 소리와 향의 변화 단계를 판단하여 로스팅 종료 시점을 선택해야 합니다.
일반적으로 디카페인 생두는 일반 생두보다 로스팅이 훨씬 빠르게 진행됩니다. 이것은 카페인 제거 과정을 거치면서 조직이 많이 물러져 열의 흡수가 빠르고 쉽게 이루어진다는 것이므로, 로스팅시 필요로 하는 총 열량이 다른 일반 생두들보다 낮습니다.
때문에 디카페인 생두를 로스팅할 때에는 일반 생두를 로스팅할 때 기준으로 잡는 투입 온도보다 10~20도 낮게 하며, 기준 화력보다 더 약한 화력을 사용합니다.

Questions

099

::

새로운 로스팅 머신을 사용할 때 중점 체크는 어떻게 하는 것이 좋을까요?

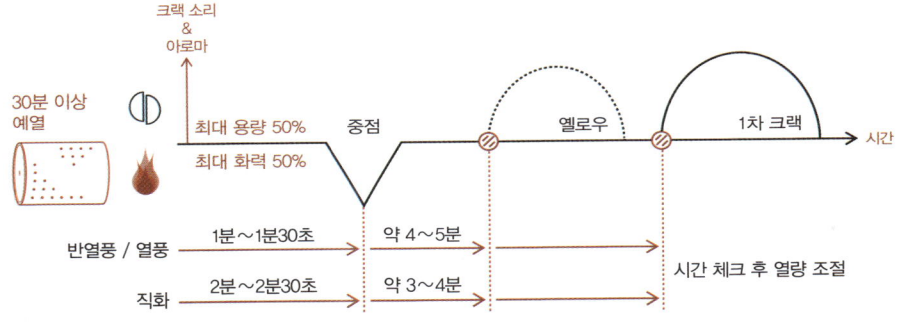

1. 사용할 로스팅 머신의 전원을 켠 다음 버너를 점화합니다.
2. 약 30분 이상 충분히 예열합니다.
3. 미압계의 가스압력을 확인합니다. 가스압력의 최대치를 체크한 다음 최대 가스압력 대비 50%로 합니다.
4. 생두의 투입량은 최대 용량의 50%로 조절합니다.
5. 생두를 투입한 후 내부의 온도가 떨어지기 시작하여 멈추는 점, 즉 중점을 체크합니다. 대부분의 로스팅 머신에서는 반열풍 방식의 경우 생두가 투입된 후 1분에서 1분30초 사이에 중점이 체크되고, 직화 방식의 경우 2분에서 2분30초 사이에 중점이 체크됩니다. 중점이 나타나는 시간이 짧은 것은 현재 공급되는 화력이 강하다는 것을 의미하므로 화력을 줄이거나 버너를 완전히 꺼야 합니다. 반대로 중점이 위의 기준 시간보다 더 지났는데도 온도가 계속 떨어지고 있다면 공급하는 화력이 약하다는 것을 의미하므로 화력을 올려주어서 기준 시간 범위에 들도록 합니다.
6. 드럼 내부의 원두가 옐로우 컬러로 변하는 시간을 체크합니다. 일반적으로 직화 방식의 로스팅 머신은 생두가 투입된 다음 약 4분이 지나면서 변하기 시작합니다. 반열풍 방식이나 열풍 방식 로스팅 머신은 직화 방식보다는 조금 늦게, 약 5분이 지나면서 변하기 시작합니다. 만약 옐로우 시간이 위의 시간에서 어긋난다면 우선 중점 온도, 또는 중점 시간을 변경해주어야 합니다.
7. 1차 발열 연결음이 들리는 시간을 체크하여 상황에 맞게 대처합니다.

Questions
100
: :

로스팅을 하는 사람들이 놓치지 말아야 할 것은 무엇일까요?

로스팅은 화력을 이용하여 커피가 가지고 있는 다양한 맛과 향에 생명을 불어넣고 커피 자체의 매력을 한껏 펼쳐 보이는 흥미로운 작업입니다. 로스팅을 하는 순간순간은 매우 빠르게 진행되고 다양한 변화들이 눈앞에 나타나는데, 이러한 변수를 체크하고 상황에 맞게 대처하는 능력이 필요합니다.

| 생두 체크

자신이 볶을 생두에 대한 정확한 평가가 필요합니다.

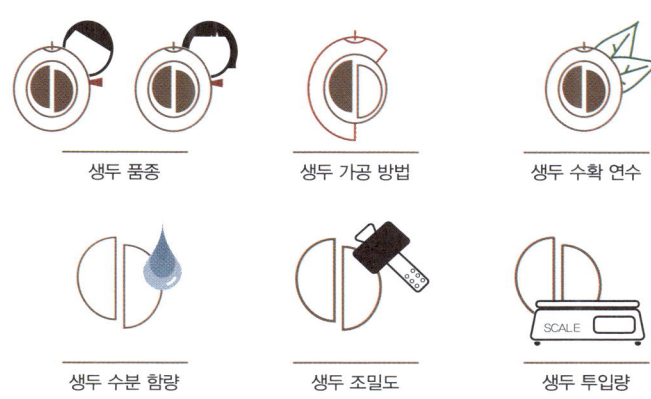

| 생두 품종 | 생두 가공 방법 | 생두 수확 연수 |

| 생두 수분 함량 | 생두 조밀도 | 생두 투입량 |

| 로스팅 머신 체크

사용하는 로스팅 머신의 특징을 알고 있어야 합니다.

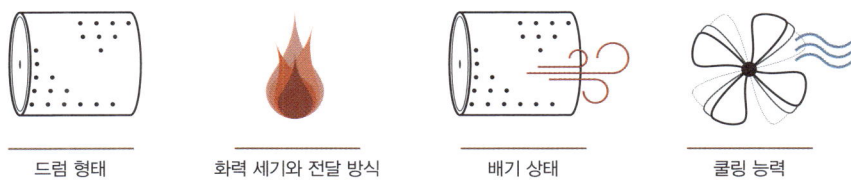

| 드럼 형태 | 화력 세기와 전달 방식 | 배기 상태 | 쿨링 능력 |

| 예열

충분한 예열은 필수이므로 최소한 30분 이상 해줍니다.

| 로스팅 과정 구분

로스팅 과정을 옐로우 시점, 1차 발열 시점, 2차 발열 시점 이렇게 크게 세 부분으로 나누어서 생각합니다.

로스팅을 할 때에 각각의 변수에 대해서도 체크해야 합니다.

| 생두의 품종에 따라

티피카 종, 버본 종, 카투라 종 외 다른 품종과 혼합되어 있는 생두 등 각 로스팅 단계별 일어나는 생두의 반응 형태와 로스팅 시간, 온도 등을 체크하여 자료로 가지고 있어야 합니다.

| 생두의 수분 함량에 따라

같은 용량을 투입했을 경우 수분 함량에 따른 로스팅 단계별 현상들을 체크합니다. 댐퍼를 사용할 경우 조작 능력이 향상되어야 좀더 특징적이고 안정감 있는 결과물을 얻을 수 있을 것입니다.

| 가공 방법에 따라

내추럴 생두와 워시드 생두의 로스팅 단계별 향의 차이점과 은피의 배출 시점 등을 알고 있어야 합니다.

| 생두를 투입하는 양에 따라

로스팅 머신의 최대 용량을 투입했을 때, 적정 용량을 투입했을 때, 최소 용량을 투입했을 때 각각의 중점과 투입 온도의 변화와 화력을 체크해야 합니다.

| 조밀도에 따라

생두의 단단함과 무른 정도에 따라 각 로스팅 단계별 차이점을 파악해야 합니다.

로스팅 시간과 온도의 체크는 기본적인 것이며, 그다음은 변화하는 향을 체크하는 것입니다. 생두마다 변화하는 향의 종류와 강약의 차이는 미세한 후각을 통해서만 정확히 파악할 수 있으므로 지속적으로 연습한다면 보다 나은 커피의 맛과 향을 잘 표현할 수 있습니다.

커피 입문자들이 자주 묻는 100가지

1판 1쇄 2015년 12월 8일
1판 4쇄 2019년 3월 21일

지은이 전광수커피 아카데미
　　　　전광수 김현경 조영미 박주형 오충립

편집장 김지향 **책임편집** 이희숙 **편집** 박선주 김지향
마케팅 최향모 이지민 **홍보** 김희숙 김상만 이천희
디자인 백주영 **제작** 강신은 김동욱 임현식 **관리** 윤영지

펴낸이 이병률
펴낸곳 달
브랜드 벨라루나
출판등록 2009년 5월 26일 제406-2009-000034호

주소 10881 경기도 파주시 회동길 455-3
✉ dal@munhak.com
🐦f📷 dalpublishers
전화번호 031-8071-8683(편집) 031-8071-8670(마케팅) **팩스** 031-8071-8672

ISBN 979-11-5816-020-3　　13590

- 이 책의 판권은 지은이와 (주)달에 있습니다.
  이 책 내용의 전부 또는 일부를 재사용하려면 반드시 양측의 서면 동의를 받아야 합니다.
  벨라루나(Bella Luna)는 달 출판사의 실용 브랜드입니다.

- 이 도서의 국립중앙도서관 출판예정도서목록(CIP)은 서지정보유통지원시스템
  홈페이지(http://seoji.nl.go.kr)와 국가자료공동목록시스템(http://www.nl.go.kr/kolisnet)에서
  이용하실 수 있습니다. (CIP제어번호 : CIP2015031784)